TOULOUSE-LAUTREC

后浪出版公司

劳特累克

[英]爱德华·卢西-史密斯 著

沈逸人 译

CNS 湖南美术出版社

图书在版编目（CIP）数据

劳特累克 /（英）爱德华·卢西-史密斯著；沈逸
人译 . —— 长沙：湖南美术出版社，2020.5
　　ISBN 978-7-5356-9078-4

　　Ⅰ . ①劳… Ⅱ . ①爱… ②沈… Ⅲ . ①吐鲁斯-劳特累
克 (Toulouse-Lautrec, Henri de 1864-1901)-传记Ⅳ
. ① K835.655.72

中国版本图书馆 CIP 数据核字 (2020) 第 038154 号

劳特累克
LAOTELEIKE

出 版 人：黄　啸
著　　者：［英］爱德华·卢西-史密斯
译　　者：沈逸人
选题策划：后浪出版公司
出版统筹：吴兴元
编辑统筹：郝明慧
责任编辑：贺澧沙
特约编辑：程培沛
营销推广：ONEBOOK
装帧制造：墨白空间·张　萌
出版发行：湖南美术出版社（长沙市东二环一段 622 号）
　　　　　后浪出版公司
印　　刷：北京盛通印刷股份有限公司
　　　　　（北京亦庄经济技术开发区科创五街经海三路 18 号）
字　　数：158 千
开　　本：635 毫米 ×965 毫米　　1/16
印　　张：8
版　　次：2020 年 5 月第 1 版
印　　次：2020 年 5 月第 1 次印刷
书　　号：ISBN 978-7-5356-9078-4
定　　价：68.00 元

读者服务：reader@hinabook.com 188-1142-1266
投稿服务：onebook@hinabook.com 133-6631-2326
直销服务：buy@hinabook.com 133-6657-3072
网上订购：https://hinabook.tmall.com/（天猫官方直营店）

劳特累克

很少有艺术家不仅是因为艺术作品，更多地是因为他们人生的传奇色彩为人所知。凡·高和高更是其中的两位，亨利-玛丽-雷蒙·德·图卢兹-劳特累克（Henri-Marie-Raymond de Toulouse-Lautrec）则可以算作第三位代表人物。从这个视角看，他们超越了同时代那些与他们一样甚至更有天赋的画家，如德加、莫奈和塞尚。的确，虽然德加等在欧洲绘画史上的地位更为重要，但是前三位才是树立了现今为人熟知的艺术家形象的代表人物。在讲述德加人生的电影还未面世之前，成百上千的观众就已观看了约翰·休斯顿在 1952 年导演的关于劳特累克传记的电影《红磨坊》。可以肯定的是，公众对于艺术家及其世界那不可磨灭的印象便是通过这部电影形成的。

凡·高和高更的人生经历显然遵循了浪漫主义的模式，并且可以称为探讨艺术家与社会关系的典型案例。凡·高以精神失常和自杀告别一生，高更则故意将自己从欧洲文明中放逐出去。他们的代表画作都表达了一些特定的观念和诉求——在凡·高那里表现为情感的绝对至上，无论结果如何，他都认为以炽热的情感度过每一个瞬间是必要的。高更则无比渴望原始的力量，这无疑对 20 世纪的艺术家产生了深远的影响。劳特累克的处境却与他们不同，一般人几乎不能识别或把握到他的人生故事。他的人生不是一场普遍适用的悲剧，我们必须从别的视角探究，为何他如此有吸引力呢？

1864 年 11 月 24 日，劳特累克在阿尔比（Albi）出生。他是中世纪图卢兹伯爵的后裔，图卢兹属于法国比较古老的家族之一。劳特累克的父母是表兄妹，彼此并不合拍。他的母亲阿德蕾（Adèle）伯爵夫人——虔诚、睿智又善良，向往平静而幽闭的生活。她的丈夫阿方斯（Alphonse）伯爵性格外向且古怪，时常有冲动之举。他喜欢乔装打扮，经常假扮成牛仔或是切尔克斯人（Circassian）。有一次，他甚至在中午家庭聚餐时身着高地人的格子花呢衣和芭蕾舞短裙出场。他的爱好还包括放鹰狩猎。除此之外，他对妻子的不忠也是出了名的。于是，他们的婚姻很快就变得名存实亡。

虽说劳特累克的家人都有一定艺术造诣，但严格来说还是属于业余爱好者的范畴。劳特累克的父亲和叔叔们都是出色的绘画者，阿方斯伯爵还会制作一些马匹和猎犬的雕像。若非残酷的现实所逼，劳特累克不像是个会成为职业画家的人。孩童时期的他一直都弱不禁风。1878 年 5 月，劳特累克遭遇了一场严重的事故，致使他的左股骨骨折。他当时已在他父亲的朋友鲁尼·布兰斯多（René Princeteau，因描绘动物而出名）的画室中学习。劳特累克在复健期间坚持作画，但骨折恢复得很慢。事故发生 15 个月后，他终于能在母亲的陪同下在乡野散步。然而，在 1879 年 8 月的另一场意外中，他的另一条腿也受了伤。经过这两次骨折后，虽然劳特累克已发育成熟，双腿却停止了生长。随着身体的发育，他长成了外形怪异的侏儒，有粗大的鼻子、肿胀的双唇和后缩的下巴，走起路来也是蹒跚摇摆（图 1、7）。显然，他永远不可能像他的父亲或祖父那样，成为一位精力充沛的运

图 1
自画像

1890 年；
素描；14.5cm×12cm；
私人收藏

1

动爱好者了。

　　劳特累克对艺术创作越来越着迷，布兰斯多也说服了他的家人，坚持让劳特累克受训成为职业画家（他们起先并不怎么赞同这个主意）。1882年3月，劳特累克开始在莱昂·博纳特（Léon Bonnat）的画室中学习。博纳特不仅是一位大名鼎鼎的学院派肖像画家，还因其教学能力而远近闻名。在博纳特的教导下，劳特累克学习了自19世纪初的两位伟大的新古典主义大师——大卫和安格尔——传承下来的基本绘画及制图技法。时至今日，几乎所有的艺术指导都建立在两位大师的方法论之上。尽管劳特累克的样貌与别人不同，但他很快就因为活泼大方的性格在同学中备受欢迎。另外，他还发现了巴黎咖啡馆和咖啡馆音乐会的魅力，其中自然也少不了喝酒的乐趣。当博纳特决定关闭画室时，劳特累克已结交了不少友人，他们一同加入了另一位学院派画家费尔南德·柯罗蒙（Fernand Cormon）的画室。这间画室坐落于蒙马特的康斯坦茨（Constance）街10号。

　　劳特累克在19世纪80年代第一次听说蒙马特，也正是从这个时候开始，蒙马特逐渐步入黄金时期。在最早一批开业的卡巴莱舞厅中，有乡村舞厅"煎饼磨坊"，还有由罗道尔夫·萨利（Rodolphe Salis）创建的供艺术家会面的"黑猫酒馆"。劳特累克原本和他的母亲同住在巴黎的另一个区，但他最终还是决定搬去蒙马特和他的朋友合租一间公寓。这样，他才能尽情地享受巴黎的夜生活。

　　黑猫酒馆不出所料地成为劳特累克时常光顾的地方。然而，在他发现萨利的自命不凡后，劳特累克便转而前往蒙马特爱丽舍歌舞厅，这是黑猫酒馆附近的一家舞厅，以复兴夏育舞（chahut，也称康康舞、can-can）而闻名，他们隐晦地将这种舞蹈命名为"自然主义的四方舞"（naturalist quadrille）。劳特累克不仅被舞者散发出的狂热气息深深吸引，还对光临这个舞厅的客人很感兴趣。萨利将黑猫酒馆售出后，演唱家阿里斯蒂德·布留安（图26，图版29）买下并将其改造成"芦笛"（Mirliton，系一家卡巴莱舞厅）重新开张，劳特累克在此处重拾乐趣。他欣赏布留安的讽刺式幽默和表达社会边缘人物喜怒哀乐的能力，以及他对待那些有钱却想来酒馆体验下层阶级生活的客人的粗鲁态度。久而久之，劳特累克不再拘泥于传统绘画对主题选择的束缚，而开始描绘那些真正吸引他的场景。

　　劳特累克对舞台的着迷也许源于他自身不寻常的被异化的处境。伪装这一概念一直吸引着劳特累克——他对乔装打扮的热爱丝毫不亚于他的父亲，一些留存至今的奇特照片（身着女装）也证实了这一点。舞台上由戏服和灯光所营造的效果便是异化过程的一部分，通过将表演者放置在另一个空间中，可以使他或她找寻到一种在其他场景中很难达到的强烈感情。

　　随着劳特累克对卡巴莱和剧院的兴趣日益浓厚，另一些重要事件也相继发生。他遇见了在柯罗蒙画室学习的埃米尔·贝尔纳（图版2），并通过后者了解到印象派理念。之后不久，也是在柯罗蒙的画室，劳特累克结识了凡·高（图2）。布留安与劳特累克的关系日渐亲密，他将后者作品悬挂在芦笛中。除此之外，他还委托劳特累克为自己负责出版的杂志做设计。劳特累克被人们认可还体现在其他许多事

图2
凡·高肖像

1887年；
蜡笔和硬纸板；
54cm×45cm；
凡·高美术馆，阿姆斯特丹

3

件中。1888年，他受邀与名为"二十"（Les Vingt）的艺术团体一同在布鲁塞尔做展览——这之所以是一项殊荣，是因为"二十"几乎算得上是当时欧洲最前沿的展览团体。根据学界权威提供的信息，正是在同一年，劳特累克从妓女罗莎·拉·鲁热（Rosa la Rouge，Rouge意为"红色的"）那儿染上了梅毒（终其一生，他都被红发女子所吸引）。

19世纪80年代末期，劳特累克的生活模式便已成型，自此直到他生命的最后几年都不曾有多少改变。他身材矮小，但精力充沛，不需要怎么休息便能保持体力。劳特累克的夜晚被一场又一场的娱乐活动充斥着。他身边围绕着一个"小法院"，其中最忠诚的好友便是他的表弟，来自席雷朗家族的医生加百利·达比埃（图21，图版22）。虽然劳特累克其貌不扬，但他身边从不缺少女人的陪伴。他的性器官发育得异常健全，以至于他曾戏谑自己为"有一个大壶嘴的咖啡壶"。不过，与劳特累克相伴的女人中，没有一位与他同属一个社会阶层，他们的交往也很少建立在爱情的基础上。苏珊娜·瓦拉东（图11，图版3）是少数几个令他心动的女人之一。她因模特事业出名，私下则是一位画家。两人从一开始就争吵不断，后来劳特累克认定苏珊娜一直在受其母亲指使利用他，二人关系终于破裂。

劳特累克不仅生活丰富多彩，还时常没有节制地胡吃海喝。19世纪90年代中期，他酗酒成性。到1898年，长期饮酒已使他难以作画。1899年2月，劳特累克甚至因震颤性谵妄（delirium tremens）而不得不住进位于讷伊（Neuilly）的一家精神病院。1899年5月，劳特累克出院，部分原因在于他住院期间为了证明自己的理智健全创作了一批作品。然而，他很快又沉迷于酒精。1901年8月，劳特累克在乡下度假时突然中风，也许是因为酗酒，也有可能是长久以来困扰他的梅毒引起的。3周后，他在母亲家中撒手人寰。

人们能从劳特累克相对短暂的画家生涯中对其创作历程略窥一二。这一切可以从两个方面来追溯。一是其绘画主题的逐渐改变，二是其创作技法的改变。劳特累克以描绘舞厅和卡巴莱成名，他于1891年为红磨坊设计的海报让他开始在同代人中获得了声誉。直到今天，人们还会将他与舞厅的场景联系在一起，这也许是因为以舞厅为主题创作的绘画、版画和海报是劳特累克所有作品中最生动的一组。不仅如此，这些作品还涉及与劳特累克渊源颇深的"同性恋者"。其实，早在1892年，劳特累克便对蒙马特失去了兴趣。他之所以在90年代中期重拾画笔描绘红磨坊，部分原因在于他对拉·古留（原意为贪食者，系红磨坊舞女之一）的喜爱，拉·古留曾向他索要几幅画挂在她于"御座庙会"（Foire du Trône）新开的展棚内。这类委托让劳特累克乐此不疲。她想要什么，他就给她画什么，其中还包括一幅为奥斯卡·王尔德创作的恶作剧般的肖像。因为在一次英国行中，劳特累克曾在人群中见到了王尔德（图版30）。

劳特累克对蒙马特的热爱将他吸引至两个地方。其中之一是巴黎咖啡音乐会，这里闪耀的新星渐渐取代了他身边名流圈的核心成员，即一些主要的康康舞大师，如伊薇特·吉贝尔（图16、17，图版18）。同时，劳特累克也渐渐对以剧院场景为素材作画开始感兴趣。另一个

Lautrec 1887

场所则是持牌经营的妓院。劳特累克对妓院背后的故事非常着迷，他开始描绘女孩们下班后的生活（图11、22、23，图版25、26、27、44）。1894年那年，他甚至直接住进了一家在磨坊街新开张的豪华妓院，以这家妓院大堂为描绘对象的画作成了他最具雄心的几幅作品之一（图版24）。职业属性带来的特殊的生活方式，使得妓女们往往缺乏真爱，并转而向彼此寻求慰藉。女同性恋者间的风流韵事在妓院很常见，劳特累克也在诸如《两个朋友》（图23，图版26）这样的画作中描绘了这一境况。在创作生涯后期，出于对妓院中女同性恋者行为的好奇，劳特累克时常会光顾几间著名的女同性恋酒吧。在那些地方的所见所闻也成了他作画时的灵感来源。

以上所说并非在暗示劳特累克的绘画题材只限于这些范围——虽然有时他的绘画题材的确很有局限性。1895年那年，他对新兴的自行车运动抱有过短暂的热情，还参加了由作家特里斯坦·伯纳德在布法罗（Buffalo）自行车馆举办的自行车比赛。此外，他也画了不少马戏团场景（其中近40幅是他在讷伊的精神病院完成的作品），其他题材还包括朋友和家人的肖像画（图3、4），以及一些描绘赛马和帆船运动的作品。他对风景画并不很感兴趣，虽然他在19世纪80年代早期——也即找到属于自己真正的艺术道路之前——曾创作过一些风景素描。

劳特累克对舞台的兴趣很自然地影响了他的绘画技法。他被当时还很少见的舞台灯光所吸引，并很快变得对表现强光效果非常在行（图5，图版16、20）。他对舞台脚灯（许多咖啡音乐会的场地只安置脚灯）这一全新系统能在表演者脸上形成的斑驳明暗的光影很感兴趣。

劳特累克之所以能不断提升绘画技巧，除了因为汲取外界的多重影响外，还得益于他一直持续到19世纪90年代中期的自身不断实验和探索的过程。这一过程在他越来越沉迷酒精之后才渐渐止步。他受日本版画的影响颇深，后者也曾在欧洲大肆流行。1883年的春天，劳特累克在乔治·珀蒂（Georges Petit）画廊看过一个日本版画的大型展览，在观展后他开始收集相关作品。劳特累克甚至说过要去日本，他的母亲支持这一想法，并愿意负担他旅行的开支。但劳特累克并未成行，因为他觉得还未在柯罗蒙的画室里学到该学的一切。1896年那年，他还在时不时地考虑这个旅行计划。

劳特累克和同时代最有天赋的艺术家（比如德加和凡·高）一样，被日本艺术的魅力深深折服。从浮世绘版画家那里，他不仅学会了如何使用由清晰的外轮廓定形的扁平的色彩区域，还渐渐懂得通过选择视角来传达他对于描绘对象的主观看法。伟大的日本版画家如喜多川歌麿在作画时，会通过选择视角来提高观者在赏画时所受到的冲击力，劳特累克紧跟着他们的脚步。他随后发现，在构图前景中若隐若现的大型人像和物体，在整幅画作中虽只充当次要角色，却可以将观者的视线准确无误地引导至画面的右侧。同样，他从日本艺术家那里学到，眼睛所见的细节或片段是可以让人联想到未见的整体景象的。伊薇特·吉贝尔那著名的齐肩长手套就是这位歌星的形象符号（图16、17，图版18）。

图4
查尔斯伯爵（画家的叔叔）的肖像

1882年；
炭笔和纸；61cm×47cm；
私人收藏

与同时代的画家相比，劳特累克并非仅仅是在模仿日本版画家的作品。他从未像凡·高那样，对日本艺术做出严格意义上的阐释。然而在精神层面，他是最接近浮世绘风格的人。和他们一样，劳特累克对舞台极有兴趣，他的那些描绘表演者的画作和石版画相当于占据浮世绘画家作品很大比重的日本演员肖像画（役者绘，actor prints）。就像最著名的日本演员肖像画画家东洲斋写乐一样，劳特累克也善于捕捉正在工作的演员和歌者的强烈情绪。劳特累克对巴黎歌舞厅生活的着迷同喜多川歌麿对艺妓（芸者，geisha）及其搭档的喜爱极为相似。

不过，劳特累克不仅向日本人学习，他还受到了同时代画家的影响。在较他资历更深厚的画家中，劳特累克最为仰慕的是德加。因为德加，他才坚定了要在日常生活中寻找真实的决心。也正是在德加的引导下，劳特累克开始了对剧院和马戏团的探索研究。德加对日本版画和照相中新的构图技巧的兴趣远早于劳特累克。一直以来，劳特累克都期望得到前者的赞赏。然而，当它真的发生时，却实在是一言难尽——德加看到一幅挂在他们共同好友公寓中的劳特累克作品时，说道："当我们一生都在为此努力奋斗时，这位年轻人这么早便有这样

图 5
塞西·罗芙特

1894 年；
石版画；37cm×24.5cm

图 6
马匹与马车

1884 年；
铅笔；15cm×25.5cm；
威尔默·霍夫曼遗赠，
巴尔的摩美术馆

9

图 7

漫画，自画像

1890 年；
黑色粉笔；
25.5cm×16cm；
博伊曼斯·范伯宁恩美
术馆，鹿特丹

图 8

**医生来访（一幅描
绘画家表弟——来自
席雷朗家族的加百
利·达比埃的漫画）**

1893 年；
素描；26cm×18cm；
素描陈列馆，卢浮宫，
巴黎

的成就了。"

除此之外，劳特累克还从另外一个艺术家让-路易·弗朗（Jean-Louis Forain）那儿有所收获。很早的时候，他就注意到了弗朗的才华，因为弗朗是他父亲阿方斯伯爵的朋友。从弗朗那里，劳特累克见识到了漫画艺术中绘画技艺的精髓。从阿里斯蒂德·布留安挂在芦笛舞厅墙上的画作中，劳特累克还见到了亚历山大·斯坦伦（Alexandre Steinlen）的作品。后者是另一位具有漫画天赋的艺术家，擅长捕捉巴黎风光的精髓。当劳特累克收到海报设计的委托时，是这两位比较不知名的画家给予了他鼓励和指引。他们教给他一种无论将海报置于何处，都需要通过大胆的简化来最大限度地传递信息的表现方式。劳特累克的海报创作也慢慢促成了他对平时作画方式的改进，他在画作中开始尝试同样的简化技法。

另一位对劳特累克有重要影响的画家是他的朋友凡·高。后者大胆的交叉阴影着色（cross-hatching）技法对劳特累克作画方式的形成无疑是有深远影响的。作为一名成熟的画家，劳特累克是出色的画匠，而且其作品所展现出的画匠灵魂比同时期的画家都更为显著。虽然劳特累克画作的色调明亮简约，但从他的画布中传达出来的能量却并非因为色彩，而是线条的缘故。这种粗暴的线性力量是将其与其他画家区分开来的重要特质之一。

当我们在讨论劳特累克对后世的影响时，很容易会对他在 19 世纪后期的绘画史中所占的地位进行探讨。虽然他不断向同时代的画家学习，但是因为奇特的外形，在某种程度上他本人与他的艺术一样受到孤立。唯一与他有些许相似的艺术家只有德加，这无疑也是劳特累克敬仰德加的原因。就像德加一样，劳特累克似乎将人看作动物，即某种无须考虑其精神层面的生物。这一观念的形成源于他形体上的畸形，他最初在动物画家画室中的学习经历也让这一想法变得更为坚定。在所有画家中，描绘动物的画家是对所绘对象最冷漠的，他们旨在传达科学的真实。比起艺术性的内容，他们的赞助人也对这类真实更感兴趣。这在布兰斯多的作品中就有所体现，在著名画家约翰·刘易斯·布朗（John Lewis Brown）的作品中则更为突出，劳特累克受布兰斯多影响而开始欣赏布朗并经常模仿他的作品。

劳特累克早期的素描（图 6）清晰地体现了他受这些动物画家的影响之深。对这位年轻艺术家来说，另一重要影响的来源便是他在流行出版物中见到的漫画。劳特累克在创作生涯中呈现出来的是一位既有趣又技艺高超的讽刺漫画家——他不管对自己，还是对他人都毫不留情（图 7、8）。从这些素描作品中，我们可以发现劳特累克作为讽刺漫画家，具备一种能从事件中抽身出来并对所见做出简明扼要的判断的能力。

然而，德加和劳特累克所描绘对象（图 9）的客观性并不相同。德加对寻常事物有一种狂热的兴趣。他越来越多地描绘那些在不知道观察者存在的情况下处理日常琐事的人们（其中多为女人），比如正在熨烫衣服或沐浴（图 30，图版 37）等。即便是在描绘舞者时，德加也按照自己的套路处理。[他笔下芭蕾舞者的不雅是人尽皆知的，时不时还会被一些舞蹈史学家引用来佐证，在狄亚吉列夫

（Diaghilev）和他的俄罗斯芭蕾舞团来到法国前，芭蕾舞在法国已处于没落的状态。]

的确，劳特累克偶尔会描绘那些沉迷于自我世界深度自省的人，但他更感兴趣的是与之对立的情况：即在个性之外，还具有强烈的情感和想法，并能将它们以十分有力的方式传达给观众的表演者。他创作的伊薇特·吉贝尔肖像画便是很好的例子（图16、17，图版18）。劳特累克对观众或听众在何种程度上受到表演者情绪的影响也很感兴趣。最后，他还会注意到这位舞台明星在出场前、闭幕后不经意间所散发出的魅力。

劳特累克的传奇性在于他唯独与康康舞舞者、模特及妓女为伍。当然，这并非全部事实。他最爱慕的那些表演者既有品位，又聪明睿智。除此之外，他并没有将所有的时间都花在妓院、舞厅或剧院里，他也从未断绝与他的家庭或那些受过良好教育的朋友之间的联系。

他时常造访的沙龙主人是美丽的米希亚·纳塔松（Misia Natanson）。她是一位年轻的波兰女孩，后来嫁给了塔迪·纳塔松（Thadée Natanson）。塔迪与他的兄弟亚历山大共同创办了象征主义期刊《白色评论》（La Revue Blanche）。沙龙的其他访客包括诗人马拉美（Mallarmé）、瓦雷里（Valéry），艺评家费利克斯·费内翁（Félix Fénéon，图版33、34），作家柯蕾特（Colette）、朱尔·勒纳尔（Jules Renard）和亨利·德·黑尼耶（Henri de Régnier），作曲家德彪西（Debussy），以及画家维亚尔（Vuillard）和勃纳尔（Bonnard）。实际上，几乎所有汇聚在巴黎的具有艺术气质的人都曾在那里出现过。

米希亚是如此年轻，或者说正因为她是那么年轻，她常常令人心碎。劳特累克常在她的乡间宅邸中伴其左右，也经常去城中探望她。米希亚年老时在一本回忆录中这样描写他们曾经一起度过的美妙时光："我会坐在草地上，背倚着一棵树，陷入有意思的书中；而他会蹲坐在我身旁，拿一支画笔灵巧地在我脚底心挠痒痒。他的手指也会挑准时机加入进来，这项娱乐活动有时会持续好几个小时。当他假装在我脚上描绘想象中的风景时，我就像来到了极乐世界一样快乐。"

劳特累克与《白色评论》的联系给我们在思考他的艺术态度时指明了方向。他的同学埃米尔·贝尔纳是一个自称纳比派（Nabis，系先知的希伯来语）的团体的创立人之一，劳特累克则是将高更的思想发展为系统性学说的人。他与他的同伴组成了诸多象征主义运动派别中的一支。为米希亚作画的画家勃纳尔和维亚尔也与他们同属一个群体。将勃纳尔和劳特累克加以对比是非常有趣的事，因为他们的人生轨迹在此之外还有别的交集。他们都为纳塔松的杂志设计了海报（劳特累克那份海报的主角便是米希亚，图10），并且早在1891年他们就一起参加过展览。1893年，他们的作品一同发表于版画集《原创版画》（L'estampe originale）中。这套作品集中包含了许多象征主义画家如贝尔纳、尤金·卡里尔（Eugène Carrière）、莫里斯·丹尼（Maurice Denis）、皮维·德·夏凡纳（Puvis de Chavannes）和奥迪隆·雷东（Odilon Redon）的作品，高更的作品也在其中。和劳特累克一样，勃纳尔在海报设计方面是一位先驱，甚至还有人争论，某些创新举措到底是该归功于他还是同时代的竞争对手。然而，他们之

图9
伊达·西斯小姐

1896年；
石版画；36cm×26.5cm

13

间的相似之处远不止这些。因为劳特累克描绘的妓院场景从传统视角来看是污秽肮脏的，我们常会忘了它们与勃纳尔画中室内空间的紧密关联。劳特累克对女人的着迷与勃纳尔的浴女系列画作相呼应，这些画作都较德加所画的类似场景更显淫秽。实际上，我们越深入地研究这两位艺术家的作品，我们就越会觉得他们的艺术观和潜能是相差无几的。

现如今，劳特累克的崇拜者普遍称他为苛刻的现实主义者。当时的一位艺术史学家将他与卡拉瓦乔和库尔贝相提并论，声称劳特累克的成就是"让绘画冲破了当前的一切禁锢"，"劳特累克的非凡之处在于——或者说，使他在这个时代的人群中变得独一无二的特质——是在这个时期的所有画家中，只有他把所见如实地画了下来，不予回避，不加评论，不做改动。与18—19世纪期间那些纨绔子弟所绘的充满情色又具性暗示的作品相比……劳特累克展现的是亲眼所见，并亲身体验过的生活"。

然而，这一观点是完全缺乏事实依据的。首先，第一句话便有失偏颇：不仅德加创作过描绘妓院场景的独幅版画，库尔贝的作品中也出现过与女同性恋相关的场面；他们均为人们所能想到的最为写实的画家。其次，这一看法将赏析一位画家的过程过度简单化。在尝试解读劳特累克的艺术时，人们势必要从多维度往中心靠拢，其中一个维度即纯粹的个人因素。劳特累克跛得厉害，他的残疾也反映在他的画作中。他是一位非常勇敢的男人，并未因残疾而愤世嫉俗。劳特累克对待女人的态度与厌恶女人的德加相比要温和许多。对劳特累克来说，个性或特质是最为重要的：他喜欢拉·古留的贪婪之力（图12）、伊薇特·吉贝尔的风趣、梅·贝尔福（May Belfort）那孩童似的任性，却又没有显出对某种特质的偏爱。劳特累克从不深入谈感情显然是因为性爱。他对性欲的渴望强烈到像被诅咒了一般，并将自己看作是无法维系感情的人。因此，他在怜悯地看待女人时，会将自己完全置身事外，这一切都源于他对构建道德体系——或者说对认为某种行为模式高于另一种——的摈弃（也许这比对他最初的描述还要糟糕）。唯一与画家的这种漠然之感相冲突的便是劳特累克的窥视癖。在他的作品中，女同性恋者之所以扮演了如此重要的角色，不仅因为他碰巧与她们相识，还因为她们通常会对那些对自身性能力有怀疑的男人产生吸引力。

谈及当时的艺术环境，人们一般会将劳特累克的风格归于自然主义的传统，并将他看作库尔贝的传承人，虽然他们也承认（因为事实很明显）他的作品中缺少了对社会的愤慨之情，但说这些作品没有引起讨论则是另外一回事。劳特累克生为贵族，并一直是位贵族，这在他与他的酒友及朋友相处过程中的那些专横行为中都有所体现。对他最经常性的误解之一便是他作品中的贵族化倾向。像他的父亲一样，劳特累克对公众的态度毫不在意。并且，他与他父亲都认为某些举动，比如住在妓院里是可以被接受的，虽然这在他人看来是件丢脸的事。不过，劳特累克从未陷入那类资产阶级画家反抗出身背景的丑闻之中。当他展出《她们》（Elles），也即描绘妓院生活及其中栖居者的系列石版画时，劳特累克谨慎到仅让那些不会因这些作品受到冲击的

图 10

滑冰的米希亚·纳塔松（为《白色评论》海报所绘的草图）

1895 年；
铅笔，油画颜料和纸；
148cm×105cm；
图卢兹–劳特累克博物馆，阿尔比

15

人观赏（图 34，图版 44）。

据说，劳特累克作为象征主义群体的一员，与这个群体中的许多成员都维持着友情。他展出的绘画作品或发表的版画作品都隶属于象征主义范畴。举例来说，一直以来十分支持劳特累克的布鲁塞尔艺术团体"二十"便在传播象征主义中起到了重要作用。这些事件之间的联系并非偶然。从传统意义来说，象征主义画家是奇特的梦幻世界的输出者，它与沙龙所代表的摄影般的自然主义截然不同。而印象派画家则是非学院派的自然主义大师，它在象征主义与摄影般的自然主义这两条分叉路之间的定位并不明确。正因为当时的人们对沙龙实际所包含的内容普遍不了解，这样的难题才会出现，而现今这一课题又变得流行起来。

沙龙的确展出过许多巨幅肖像画（如博纳特的作品）和历史题材绘画（柯罗蒙的作品，指描绘一些穿着符合时代特征的人物的绘画作品），以及一些符合资产阶级猎奇心理的披着轻薄衣料的裸体像，但展览内容并不局限于这些种类。技艺高超的学院派画家每年都会创作许多表现生活内容的作品，它们涵盖了社会的方方面面。实际上，在法国官方举办的画展中，工人阶层题材的作品反而略多于那些描绘富人阶层的作品。这些作品也不像人们通常想的那般滑稽有趣或情感丰富，它们展现的是基于对城市无产阶级和乡村劳动人民的敏锐观察而创作的更为传统的绘画题材。这些画家是中世纪自然主义风格的继承者，也是库尔贝真正的接班人。也正是他们的作品既避免了对画中内容公开表态，同时又暗示了某种道德准则。

劳特累克所描绘的对象虽然并非劳动人民，但也是社会边缘群体。他画的舞者、妓女都属于选择了非典型生活方式的边缘人。因此这类人在自然主义范围内找到了自己的位置。纵观左拉的小说，我们便能从中找到他们饱满的形象。然而，左拉是不应该被拿来与劳特累克做比较的人——这个人应该是莫泊桑。莫泊桑在《戴丽叶春楼》（*Maison Tellier*）中描绘的人物与劳特累克笔下的妓院场景中的女孩显然是同一类人。莫泊桑那坦白易懂的散文和以讽刺性的冷漠来操控故事情节的方式，也同样让我们联想到劳特累克的《磨坊街上的沙龙》（图版 24）。这一点十分重要，因为莫泊桑与文学界的自然主义运动有着明确的关联。

在任何情况下，假定象征主义作家在回避现实都是错误的。在于斯曼摈弃模仿左拉而形成的早期风格后，他撰写出了《在那儿》（*Là-Bas*）和《逆流》（*A Rebours*），彼时他的确像是跨入了另一个领域，虽然这之间的变化比不上福楼拜的《包法利夫人》和《圣安东的诱惑》（*La Tentation de Saint Antoine*）以及《萨朗波》（*Salammbô*）间的跨度。然而，福楼拜才是象征主义的奠基人之一，而且他一直对日常生活兴趣颇深。象征主义文学某个分支的内容是极度现实、丑恶而又蓄意"惊人"的——魏尔伦的色情诗便是一例。这些作品的不同之处在于，它们的形成不再建立在过去的道德准则之上。象征主义那阳春白雪式的世界与当时放纵堕落的社会风气相互平衡且处于共存状态。说得极端一点，这些颓废之人把自己看作是一种无法挽救的社会病的受害方。也正是他们将妓女的形象发展为被人们狂热崇拜的对象，这也许是从波德莱尔和《恶之花》某几首诗中得到的启发。

当然，劳特累克所创作的具有浓郁底层生活色彩的画作与颓废艺术家和诗人笔下描绘的生活是迥然不同的。纵使这话属实，可这一看法并未将劳特累克在处理材料时所关注的重要方面考虑在内。虽然他坚定又果断，但劳特累克一直试图通过从德加和日本艺术家那儿学来的手法来操控观者对画作的态度。难以置信的是，他竟鲜少让我们从——至少是符合身体习惯的——预想的角度来观赏任何东西。即便卡拉瓦乔常被拿来与劳特累克做比较，但劳特累克没有给观者丝毫身临其境的感觉，反而总是让观者亲眼见证其如何将生活艺术化这一巨变过程。这也展现了劳特累克绘画中那典型的象征主义精神。

劳特累克作品所显现的特性非但没有驳回上述看法，反而进一步证实了它。他的灵感来源、影响和主题都是十分通俗的。出于家庭背景的原因，劳特累克跟随一位描绘动物的画家开始了他的艺术生涯；这段经历在他的一生中留下了不可磨灭的印记。虽然斯塔布斯（Stubbs）将描绘动物的绘画带入英国并拔高了它的地位，但它们的位置还是徘徊于高雅艺术和受人欢迎的民间绘画之间——这也许解释了为什么它们在 20 世纪中期的收藏圈中备受推崇。除了最初受到布兰斯多的影响之外，劳特累克还在艺术创作中融入了日本版画以及他在街上看到的海报元素。首先这些日本版画是有大批受众的，它们最早曾以几枚铜币的价格在江户的街道被出售，而那些海报则往往因它们本身的特质而大受欢迎。劳特累克从海报设计中学到了宝贵的一课，这些知识也被运用到别的地方，不过他决定这样做本身就是件很有意义的事。在这么做的同时，他也表达了对艺术家这一职业的看法。这与他的贵族态度，即希望新创作出的艺术能够大众化是相得益彰的。对于象征主义艺术家来说，将艺术大众化的愿望是极为强烈的，因为他们对传播艺术作品及艺术理念的官方沙龙并不满意。在"为艺术而艺术"的理念和一位艺术家的作品被创作出来后的实际反响之间，常常有很大的差距。在比利时，劳特累克的作品之所以被理解和欣赏，是因为许多主要的象征主义者都是跟随威廉·莫里斯（William Morris）脚步的社会主义者。

在回顾劳特累克所取得的成就时，与其看他自己做了什么，不如从他身边的人和事来理出些头绪。挪威的表现主义画家爱德华·蒙克与劳特累克的关系虽然不常被提及，但两人却颇有渊源。1885 年，蒙克以学生身份来到巴黎，彼时正值劳特累克学徒生涯的尾声。蒙克在 1889 年又一次来到巴黎，像当初的劳特累克一样，在博纳特的画室中学习。在 1892 年移居柏林之前，蒙克在挪威和巴黎两地穿梭。虽然蒙克与劳特累克相识的记录无处可寻，但是他必然在路上看到过劳特累克在 1891 年为红磨坊设计的海报。蒙克最有影响力的作品多创作于 19 世纪 90 年代，这些作品有着刻意且不加掩饰的象征主义特点。并且，蒙克不像劳特累克那样，不会刻意在作品中回避感情。不过，他们的作品在颜色和处理细节的方式上都与当时的法国人非常相似。劳特累克创作的巨幅《红磨坊》和蒙克于 1899—1900 年间完成的《生命之舞》（*The Dance of Life*）之间的相似之处就十分明显。在观赏蒙克的作品时，我们时常会发现劳特累克的技法被前者以一种更为大胆且别具一格的方式运用在画作中,这引出一种推测:即劳特累克表面上的冷漠其实处于崩溃的边缘——当他画中人物的面具碎裂后,呈现的即为蒙克画中那极度痛苦的呐喊。

在谈及劳特累克作品的"重要性"时,我们自然而然地会提到一个方向——即他对年轻的毕加索的影响。大约在劳特累克去世前一年,毕加索初次来到巴黎。他之前在巴塞罗那体验到的艺术氛围完全是象征主义的,直到20世纪的第一个十年中期,他也一直都是位象征主义画家。然而,当毕加索来到法国时,他就决定追随劳特累克的脚步。在他现存于世的众多作品中,就有一小部分早期作品是他在1901年左右模仿劳特累克的风格所作。这些作品不及劳特累克画作的原因在于,它们缺少劳特累克一贯强调的,出于直接敏锐的观察而作画的原则。毕加索所描绘的妓女并非某个个体,而是一类人。通过吸收劳特累克那辛辣苛刻的观察方式,加上从黑人艺术中学到的知识,毕加索在1907年所绘的《亚威农少女》(*Les Demoiselles d'Avignon*)无疑宣告了现代主义的开端。劳特累克纯粹个人化的、带有贵族气质的冷漠,在此演变成了一种对传统绘画法则的反抗。

这里的悖论在于,贵族们专横地将艺术中任何与虚假的道德教义相关的元素都抹去,反而使艺术民主化了。从大卫开始,19世纪的艺术就与道德理念之类的论题搅在一起。大卫的《马拉之死》(*The Death of Marat*)预示了19世纪绘画的整体走向,直到印象派以及他们之后劳特累克的出现,这一情况才有所改变。但因为劳特累克是位生活在城市且不受道德准则束缚的人,他带来的影响更为极端。他展现给我们的不是自然,而是人,并且是在社会中存在的人。此外,他还断言人与人之间的关系从本质上来说是毫无意义的。

我们几乎可以说,劳特累克将绘画提升到了能揭示现代主义运动的基本问题的高度。艺术家怎样才能在坚持艺术追求的同时,履行从19世纪遗留下来并强加于艺术家的作为授艺者的义务?劳特累克拒绝指导别人,他对道德准则也非常漠然,这些都让他成为19世纪绘画史上的一位开创性人物。

试图还原劳特累克在象征主义运动中的真实地位并非在诋毁他作为艺术家所达到的成就,而是在试着回答为什么他的作品能够如此深远地影响后人。在劳特累克的时代,一位艺术家选择描绘妓院场景,并坦率地展现妓女们聚在一起时的行为举止已堪称惊世骇俗。当提及劳特累克的行为使当时的人们感到震惊的时候,我们需要很小心。因为即使偶尔遭到过谴责,劳特累克的职业生涯也从未卷入过任何性质严重的丑闻,即使他描绘的对象不论在英国还是美国,都必然会掀起轩然大波。放到当今社会,他的作品不会再因为题材而引起诸多争议,就连他笔下那些充满情欲的舞厅和卡巴莱也依然存活在民间传说中。正因为劳特累克选择描绘这些事物,它们才得以流传至今。

劳特累克画作中的人物个个令人难忘,虽然艺术家本人对自身的情感生活保持沉默,但是这些人物都强烈地反映了一个看似矛盾的事实:即他内心的麻木反而能让他自由地寻找到一种最具表现力的形式来表达眼前的景象。为了达到最大程度的冲击力,传统技法中描摹头部和人体的方法经常被他舍弃,因为日常生活中每个人的形体都不尽相同。艺术家想要表达的不是他的感受，画作中的变形也不是他自身情感积压后的产物（这也许适用于蒙克），而是源于外界和所描绘对象蕴含的紧迫感。劳特累克贵族精神的典型表现方式在于，他认为任何个体特征——无论多么强烈——都可以被他吸收并投放在他的艺术作品中，从而形成某种更统一的特性。

传记概要

1864 年　11 月 24 日出生。

1872 年　开始在巴黎的丰塔纳（Fontanes，即现在的康多塞中学）中学接受学校教育。开始频繁出入于鲁尼·布兰斯多的画室。

1878—1879 年　腿部骨折。

1882 年　进入博纳特的画室学习。

1883 年　开始在柯罗蒙的画室工作。

1884 年　与埃米尔·贝尔纳相识。

1885 年　与布留安和苏珊娜·瓦拉东相识，后者成为他的情人。开始频繁出入于蒙马特的卡巴莱和舞厅。

1886 年　与凡·高相识。离开柯罗蒙的画室。于芦笛办展。

1888 年　在布鲁塞尔与"二十"一同展出画作。与苏珊娜·瓦拉东发生一系列争执。感染梅毒。

1889 年　首次参展独立沙龙。

1890 年　出访布鲁塞尔。

1891 年　为红磨坊制作海报。

1892 年　创作第一批石版画。

1893 年　与《白色评论》圈中人熟识。开始创作与戏剧相关的主题。

1894 年　再次出访布鲁塞尔。入住磨坊街的妓院。

1895 年　为梅·贝尔福、梅·弥尔顿和《白色评论》设计海报。为拉·古留的场地创作装饰画。出访伦敦，与奥斯卡·王尔德相识。

1896 年　开始造访女同性恋酒吧。出版描绘妓女的版画《她们》。

1898 年　在伦敦的古皮尔（Goupil）画廊展出作品。为朱尔·勒纳尔所著的《动物的轻声细语》（*Histoires Naturelles*）绘制插画。健康状况日渐堪忧。

1899 年　因震颤性谵妄被送往位于讷伊的一座精神病院，至同年 5 月才在有监护人的前提下被释放。他回巴黎的那个秋天开始再次饮酒。

1900 年　参观勒阿弗尔、阿卡雄及他母亲位于波尔多马尔罗梅（Malromé）的乡间别墅。

1901 年　回到巴黎进行创作。于 8 月在塔索（Taussat）中风。被带至马尔罗梅，于 9 月 9 日去世。

参考文献

Adhémar, Jean. Toulouse-Lautrec –Complete Lithographs and Drypoints.London, 1965.

Bouret, Jean. Toulouse-Lautrec. London and New York, 1964.

Cooper, Douglas. Toulouse-Lautrec. London,1955.

Dortu, M.G. Toulouse-Lautrec et Son Oeuvre(6 vols.). New York, 1971.

Julien, Edouard. Les Affiches de Toulouse-Lautrec.Paris, 1950.

Lassaigne, Jacques. Lautrec. Geneva, 1953.

Lucie-Smith, Edward. Symbolist Art. London and New York, 1972.

Mornand, Pierre. Emile Bernard et Ses Amis. Geneva, 1957.

Natanson, Thadée. Un Henri de Toulouse-Lautrec. Geneva, 1951.

Novotny, Fritz. Toulouse-Lautrec. London, 1969.

Perruchot, Henri. Toulouse-Lautrec. London,1960.

Sert, Misia. Two or Three Muses. London, 1953.

Tietze, Hans. Toulouse-Lautrec. New York,1953.

Toulouse-Lautrec, Henri de. Elles.

Toulouse-Lautrec, Henri de. Unpublished Correspondence. London, 1969.

插图列表

彩色图版

25 玩牌人
　　1893 年；硬纸板；57cm × 44cm；
　　哈纳鲁瑟藏品，伯恩

26 两个朋友
　　1894 年；硬纸板；48cm × 34cm；
　　泰特美术馆，伦敦

27 调整袜带的女子
　　1894 年；硬纸板；58cm × 46cm；
　　奥赛美术馆，巴黎

28 路易·福勒
　　1893 年；海报（彩色石版画，手工上色）；
　　43cm × 27cm；
　　法国国家图书馆

29 阿里斯蒂德·布留安
　　1893 年；海报（彩色石版画）；
　　127cm × 92.5cm

30 奥斯卡·王尔德
　　1895 年；水彩；58.5cm × 48cm；
　　私人收藏

31 拉·古留与"软骨头"瓦伦亭共舞
　　1895 年；油画；298cm × 316cm；
　　奥赛美术馆，巴黎

32 图版 31 中关于拉·古留的细节
　　1895 年；油画；298cm × 316cm；
　　奥赛美术馆，巴黎

33 跳舞的拉·古留（"东方舞女们"）
　　1895 年；油画；285cm × 307.5cm；
　　奥赛美术馆，巴黎

34 图版 33 中关于奥斯卡·王尔德的细节
　　1895 年；油画；285cm × 307.5cm；
　　奥赛美术馆，巴黎

35 女小丑夏乌考
　　1895 年；硬纸板；64cm × 49cm；
　　奥赛美术馆，巴黎

36 妓院中的女人们
　　1896 年；硬纸板；60cm × 80cm；
　　奥赛美术馆，巴黎

37 浴室中的女子
　　1896 年；硬纸板；67cm × 54cm；
　　奥赛美术馆，巴黎

38 站立着的马塞尔·朗黛
　　1896 年；彩色石版画；35cm × 24cm

39 女小丑夏乌考
　　1895 年；硬纸板；81cm × 60cm；
　　佛罗伦斯·古尔德夫人藏品，纽约

40 保罗·勒克莱克
　　1897 年；硬纸板；54cm × 67cm；
　　奥赛美术馆，巴黎

41 在《希尔佩里克》中跳波莱罗舞的马塞
　　尔·朗黛
　　1895 年；油画；145cm × 150cm；
　　约翰·惠特尼藏品，纽约

42 在酒吧
　　1898 年；硬纸板；81.5cm × 60cm；
　　苏黎世美术馆，苏黎世

43 斯芬克斯
　　1898 年；硬纸板；81.5cm × 65cm；
　　阿尔弗雷德·奥斯曼藏品，瑞士

44 "开场小戏"
　　1896 年；《她们》中的石版画；
　　40cm × 52cm

45 艾尔莎，又被称为"维也纳人"
　　1897 年；石版画；48.5cm × 36cm

46 面对面的晚餐
　　1895 年；油画；54.5cm × 45cm；
　　考陶尔德学院画廊，伦敦

47 来自勒阿弗尔的"星星"的英国女孩
　　1899 年；木板；41cm × 33cm；
　　图卢兹-劳特累克博物馆，阿尔比

48 波尔多剧院上演的戏剧《梅莎丽娜》中
　　的场景
　　1900—1901 年；油画；100cm × 73cm；
　　郡立美术馆，洛杉矶

文中插图

对比插图

1 炮兵和少女

Artilleryman and Girl

1886 年；透写纸上油彩；56cm×45cm；图卢兹–劳特累克博物馆，阿尔比

　　这幅潇洒的草图是劳特累克学徒时期的一幅作品，当时他大约 22 岁。此画反映了他的第一位老师——动物画家布兰斯多（而非劳特累克后来的老师柯罗蒙）对他的影响。劳特累克似乎尝试了用稀释过的几乎像水彩一般的油画颜料作画——彼时他还不能完全掌控这种媒介。然而，画中的一切清楚地预示了劳特累克未来将成为哪种类型的艺术家。从高处俯瞰的视角和对人物表情的关注，都是典型的劳特累克式的处理。画家着重描绘了炮兵的站姿——在画中，他看上去似乎比前景中的女孩更吸引劳特累克的注意。这一人物的原型有可能是劳特累克在柯罗蒙画室的同窗弗雷德里克·旺兹（Frédéric Wenz），他曾在炮兵部队当兵，并一直保留着制服。这幅画中的精准线描法成为后来劳特累克的最佳表现手法，不过这一绘画手法当时还处在一个逐渐成形的过程中。

2

埃米尔·贝尔纳
Emile Bernard

1885 年；油画；54cm×44.5cm；泰特美术馆，伦敦

    在柯罗蒙的画室中，劳特累克结识了他的同学埃米尔·贝尔纳（1868—1941）。贝尔纳后来因为言行不当被逐出画室，他随后在布列塔尼地区的蓬塔旺（Pont-Aven）与高更相识。实际上，最早通过象征主义手法，也即运用颜色来表达情感的画家并非高更，而是贝尔纳。这一处理方式取代了对眼前真实场景的直接描绘，并指引高更创作出第一幅真正意义上的杰作《布道后的幻象》（*The Vision after the Sermon*）。之后，贝尔纳与"纳比派"画家交好，并分别在 1892 年和 1893 年一同展出作品；他还在 1892 年参加了第一届玫瑰十字沙龙。劳特累克创作的这幅肖像画特点突出，但在技法的运用上略显保守。到目前为止，许多以后会使他的画作看上去像色粉的技法——也即采用薄油画颜料处理的交叉笔触，还没有完全形成。

3

苏珊娜·瓦拉东
Suzanne Valadon

1886 年；油画；54cm×45cm；新嘉士伯艺术博物馆，哥本哈根

图 11
翌日早晨

1889 年；印度墨和蓝色粉笔，48cm×63cm；图卢兹-劳特累克博物馆，阿尔比

苏珊娜·瓦拉东（1867—1938）起先是杂技演员，一次意外受伤后，她成了女装裁缝，并以给艺术家当模特为生。她曾当过雷诺阿、德加和劳特累克的模特，她还曾是劳特累克的情人。和德加一样，劳特累克鼓励苏珊娜拿起画笔成为画家。这两幅描绘她的画像（对劳特累克来说，她不是苏珊娜，而是"玛丽亚"，Maria）差异明显。一幅是较为直接的肖像画，劳特累克那富有特色的交叉笔触在此画中有所体现；另一幅则是借助模特来研究人体特征的画作。《翌日早晨》是一幅石版画的初稿，劳特累克同时代的许多艺术家都对这类主题很感兴趣。这与《"在咖啡馆"》（图版 8）中所呈现的氛围非常相似。

4

珍妮·旺兹

Jeanne Wenz

1886 年；油画；81cm×59cm；芝加哥美术馆

　　珍妮·旺兹是劳特累克在柯罗蒙画室的同学弗雷德里克·旺兹的情人，她将自己的姓氏改成了她爱人的姓。这幅作品在许多方面都与埃米尔·贝尔纳的肖像画（图版 2）风格相似，后者只较前者稍早一些完成。尽管此画中的技法较为保守，但它的确展示了劳特累克在之后更成熟的画作中的惯常选择，即他对侧面图的偏爱。在这幅画中，端坐的模特那不完整的侧面图也反映了年纪尚轻的劳特累克的踌躇，他似乎还没有足够的勇气来摈弃更传统和更讨人喜欢的视角，并采纳他真正青睐的视角。然而，人物特征及表情对劳特累克来说，已然比创造出漂亮的画面更为重要。

5

埃米尔·达弗斯特

Emile Davoust

1889 年；硬纸板；45cm×35cm；苏黎世美术馆, 苏黎世

　　一直以来，劳特累克就对船只与海情有独钟，这也许是因为游泳和航海是跛脚的他还可以参与的两项活动。1880 年，他因第二次事故在尼斯（Nice）休养（在他摔断了左腿后，他的右腿也骨折了）时，劳特累克将时间都花在描绘海景上。从 1886 年开始，他每年夏天都会来海边度假，通常是与他的朋友法布尔住在一起，后者在毗邻波尔多（Bordeaux）的阿卡雄（Arcachon）海湾的杜萨（Taussat）那儿有座乡间别墅。 劳特累克在夏日假期中很少动笔作画（他厌恶风景画，早年间在为数不多的几次实验后便放弃了这一题材）。然而，1889 年，他还是为埃米尔·达弗斯特创作了这幅生动的肖像画。埃米尔在同年被劳特累克雇来担任科克里克（Cocorico）小游艇的船长。劳特累克这幅画对画面背景的处理手法是他最接近真正的印象主义画家——尤其是马奈——的一次。

6

加布里埃尔

Gabrielle

1891 年；硬纸板；67cm×53cm；国家美术馆，伦敦

    劳特累克笔下的女人大多身份不明——她们也许是站街的妓女，也许是无关紧要的艺人。除了名字，我们对加布里埃尔唯一的了解便是她是位舞者。劳特累克创作的两幅描绘她的肖像画都极其成功。画中场景是一座面积较大，却无人问津的花园，人们称之为"老弗海斯特的花园"（garden of Père Forest）。它坐落于可兰谷（Caulaincourt）街和森林街街角，面朝克利希（Clichy）大道。花园主人是一位退休商人，他热衷于绘画和射箭——绰号为"蒙马特的弓箭手"。他拥有一套射箭的设备和一家小酒馆（这对劳特累克的吸引力很大），还特别给予劳特累克随意进出花园的权力。夏天时，劳特累克经常把这座花园当作户外画室使用。

7

朱斯汀·迪埃尔
Justine Dieuhl

1891 年；硬纸板；74cm×58cm；奥赛美术馆，巴黎

　　这又是一幅在老弗海斯特的花园中创作的肖像画。虽然我们知道画中人物的姓名，但对她本人却一无所知——她的衣着透露了她工人阶层的身份，表明她也许是位在街头拉客的妓女。劳特累克恰到好处地捕捉到朱斯汀略显不安的警惕感。他因为在肖像画绘制上所花费的功夫比描绘红磨坊和其他娱乐场所要多得多而闻名，虽然在今天看来，后者才是劳特累克建立名望的主要作品。在创作终稿前，劳特累克画了许多草图。这些肖像画值得关注的特点之一是，即便它们都在室外完成，劳特累克对光效却显得较为漠然。另一点则是画家在描绘人物手部时技法的提高，这在此画中尤为明显。相比她的面庞，朱斯汀·迪埃尔那双大而骨节突出，并因工作而磨破的双手向我们传递了更多关于她的信息。

8 "在咖啡馆"
'A la Mie'

1891年；硬纸板；53cm×68cm；波士顿美术馆，波士顿

　　这幅画呈现的是劳特累克对德加曾创作的某一主题的变体，整体结构源自后者于1876年所绘的《苦艾酒》（*L'Absinthe*）。在那幅画中，也有两位看似绝望的人物坐在咖啡厅桌边，故作冷漠地忽视彼此的存在。若对二者做比较，德加的作品更为标新立异，因为他将画中男子推到了画面后方的角落中。劳特累克对空间关系的处理较为缺乏想象力，虽然他也像德加一样，用像酒瓶和玻璃杯这样的道具来表示物体间的前后关系，并企图展现三维空间。画中男子的原型是劳特累克的好友莫里斯·吉贝尔（Maurice Guibert），一位业余的画家和摄影师，他平日靠做酩悦香槟（Moët & Chandon）厂的推销员为生。莫里斯是劳特累克夜生活的好玩伴，并为后者的几幅作品当过模特（图版33、34）。

9

红磨坊——拉·古留
Moulin Rouge—La Goulue

1891 年；海报（彩色石版画）；194cm×122cm；

红磨坊自 1889 年开业起便大获成功。这主要是因为它与早先开张的同类歌舞厅——如蒙马特爱丽舍——相比，面积更大，空间更敞亮，演出内容也更艳俗。其屋顶的巨型木质磨坊起到了很好的宣传作用，它会在夜晚亮起明灯。这间磨坊在呈现一系列杂耍表演的同时，还是间大型舞厅。勒·本托曼（Pétomane）是红磨坊的第一枚吸金石，他将自己藏在用混凝纸浆制作的纸象中，并用下体排气的方式来模仿各种声音。西勒（Chéret）为红磨坊设计了第一张海报，他算是我们现在所知的彩色石版画海报之父。

当本托曼渐渐不再那么引人注目时，红磨坊的主人夏尔·齐德勒（Charles Zidler）便将远近闻名的"自然主义四重奏"（Naturalist Quartet）从蒙马特爱丽舍挖来，其中最著名的成员是拉·古留（贪食者）和瓦伦亭（软骨头）（图 12）。露意丝·韦伯（Louise Weber），也即拉·古留，最开始以做洗衣女工谋生，随后在较小且朴素的煎饼磨坊登台演出，劳特累克就是在她首次登台时发现她的。他瞬间就被她那强烈的感染力所吸引，所以当齐德勒委托劳特累克为红磨坊的新当家花旦做海报时，他欣然接受了这个任务。这张海报极其成功，到如今都称得上是劳特累克最知名的一幅作品。它不仅反映了劳特累克向德加和日本版画家学习的经历，还拥有能完美诠释韦伯舞蹈风格的视觉冲击力。

图 12
拉·古留与"软骨头"瓦伦亭跳华尔兹

1894 年；石版画；30cm×23cm

10

围着黑色羽毛披肩的女人
Woman with a Black Feather Boa

1892 年；硬纸板；53cm×41cm；奥赛美术馆, 巴黎

　　这是劳特累克被政府收藏的第一幅画作。它在 1902 年，也即画家去世一年之后，由他的母亲阿德蕾伯爵夫人捐赠给卢森堡博物馆。后来成为馆藏策展人的莱昂斯·贝内迪（Léonce Bénédite）在同一时间收到过劳特累克的许多作品，但它们都没得到青睐。让我们来看看为什么唯独这幅画吸引了贝内迪的注意力：它拥有极具劳特累克特质的潦草感和些许俗艳光辉。这种技法是非常典型的——画家通过在硬纸板上涂上一层薄薄的油画颜料来模仿色粉的效果。当我们拿这幅画与一幅完成得更为草率的华瑞纳先生（图版 14）的肖像画相比较时，我们可以看到劳特累克的独特技法在不断完善，并慢慢开始向他所敬爱的德加的色粉画效果靠拢。

11

戴手套的女人（奥诺里娜·P.）

Woman with Gloves (Honorine P.)

1890 年；硬纸板；54cm×40cm；奥赛美术馆，巴黎

　　画中人物名为奥诺里娜·普拉策，我们对她也一无所知。但她的社会阶层看起来比朱斯汀·迪埃尔高出不少。在这幅画中，劳特累克已经能完全掌控自己的表现风格。他在此画中展现的设计感——对女人侧身的精准描绘——是尤为讨人喜欢的，因为这次描绘的终于是位真正貌美的妇人了。曾有人问劳特累克："为什么你总将女人画得丑陋不堪？"他尖酸刻薄地回答道："因为这就是她们的真实面貌！"这幅肖像画有一个很有趣的特点，它看上去像是劳特累克为迪旺·亚波奈（系一家巴黎歌舞厅，图版 19）所制作的海报中的珍·阿芙丽所绘的习作。这两幅画的相似程度令人惊讶，特别是突出的巨大帽子。很有意思的是，劳特累克在描绘阿芙丽时将她的姿势变得更加生硬，还通过改变她手臂的位置来传达一种更为敏锐的警觉感。

12

在红磨坊：两名跳舞的女子
At the Moulin Rouge: Two Women Dancing

1892 年；硬纸板；93cm×80cm；国家美术馆，布拉格

最早的时候，蒙马特其实是一处乡村度假之地，巴黎人偶尔会去那儿透透气，感受一下与城市不同的气息。在劳特累克所处的年代中，它变成了吸引下层社会群众和外地人纷至沓来的地方。在各种各样的舞厅跳舞的专业舞者中有许多同性恋者。拉·古留就是有这种倾向的人，同样的还有女小丑夏乌考（图版 35、39）。夏乌考是画中跳华尔兹的两名女子中的右边那位，她身着便装。另外在画中出现的人物有背对着观众的珍·阿芙丽（图版 17，图 15），以及劳特累克的两名男性友人。最左侧的是法国画家弗朗索瓦·戈茨（François Gauzi），最右侧的则是堕落的澳大利亚画家查尔斯·康德（Charles Conder）。这幅作品是最早体现出劳特累克被同性恋生活状态所吸引的画作之一，后来他更是渐渐痴迷于这一主题。他在许多妓院场景的画作中都突出了这一元素（图版 26，图 23）。在劳特累克人生的最后阶段，他成了同性恋酒吧——尤其是那家名为"苏黑"（Le Souris）酒吧——的常客。传说他作为窥视癖者，还曾组织过同性恋者间的纵酒狂欢会。

13

欢乐的莱茵河
Reine de Joie

1892 年；海报（彩色石版画）；136cm×91cm

图 13
海报"欢乐的莱茵河"的草图

1892 年；炭笔；152cm×105cm；图卢兹-劳特累
克博物馆，阿尔比

　　这张为路易·杰斯（Louis Joze）的某本被人遗忘的小说所创作的海报强有力地体现了劳特累克平面设计师的天赋。路易·杰斯是劳特累克的朋友，人们有时会误以为他与后来受人追捧的无政府主义组织有关。桌布所形成的对角线不仅将画面分成两个区域，还让画家在没有使用透视法和明暗法的情况下也能营造出一种画面空间感。画中男子的正装、女子的头发及她脖颈上的宽丝带都被涂上黑色，这些黑色块将我们的注意力吸引到了整个海报设计中的两位主要人物身上。另一个有意思的方面是画家对非自然色的使用，这在彩色轮廓上尤其明显——他用红色来勾勒出女子的手臂和侧脸，并用绿色描绘出她所拥抱男子的头部轮廓。这种处理方法巧妙地将他们的肤色差异符号化，甚至暗示了他们的性格特征。有些不合常规的手写字母更为画面添加了活力。这张海报的草稿反映了劳特累克在描绘头部时的自信，以及他在处理其他不太重要细节时的些许犹豫。

14

红磨坊内的英国人的头部

Head of the Englishman at the Moulin Rouge

1892 年；硬纸板；57cm×45cm；图卢兹－劳特累克博物馆，阿尔比

　　这幅作品普遍被看作是劳特累克最杰出的肖像画草图。画中人物是来自林肯郡的华瑞纳先生（J. P. T. Warrener，此名有时也写作"华纳"，Warner）。和类似的其他草图一样，劳特累克将棕色硬纸板上的很大一部分面积留着，并未做任何处理。稀薄的油画颜料被当作图画介质使用，人物的头部则由看得见的笔触组成。它是一幅油画作品的草图，并反过来成为一幅石版画（图版 15）的模板。这两幅后来完成的作品均熟练地展现了红磨坊的氛围。在这幅画中，男子孤零零的头部反而更集中地体现了画家自身与贵族的联系，以及他对贵族生活方式的同情式理解。华瑞纳显然是位绅士——同样明确的信息是他并不是位知识分子。不过，他的确像是会在劳特累克的家族圈子中自由穿梭的那类人。

15 红磨坊内的英国人

The Englishman at the Moulin Rouge

1892 年；石版画；47cm×37cm

　　《红磨坊内的英国人》和描绘拉·古留及其姐妹的画作是劳特累克初次尝试以石版画为媒介而制作的独立版画。他展现了这种媒介本身的局限性和潜力。这幅石版画与一幅同一主题的画作很类似，同样的人物及人物之间的关系出现在这两幅画中。但是，画中的主要人物却身处逆光中，就像舞者瓦伦亭在红磨坊的宣传海报（图版 9）中被呈现出的效果一样。人像和轮廓都只由同一颜色的两种色调构成，劳特累克第一张肖像画草图（图版 14）中那错综复杂的内部塑形也不复存在。相反，正与华瑞纳交谈的两名轻佻女子则被涂上明亮的色彩。然而，画中男子还是占据着整体结构的重心，因为三人中，只有他的面孔被完整呈现出来。两名女子的嘴几乎全被遮挡，这表明，她们两人在这一构图中处于次要而非主要地位。

Imp. Edw. Ancourt à Paris.

16

在红磨坊
At the Moulin Rouge

1892 年；油画；123cm×140.5cm；芝加哥美术馆

图 14
拉·古留和她的姐妹在红磨坊

1892 年；彩色石版画；46cm×35cm

　　这张巨幅画作清楚地展现了劳特累克作品的几个主要特点。比如，构图中最显眼也最为惊人的一个特写，便是画中右侧望向画面外的女人头部。这一流行的裁切手法反映了照相术的影响（劳特累克也许是从德加那儿学到了这招）。但是，此画中还有其他有意思的特征。其中之一便是它所营造出的观者俯瞰画面的视角——这多次出现在劳特累克的画中，仿佛是在为画家矮小的身材正名。这幅画中还有许多在劳特累克其他作品中出现过的人物。坐在桌边的是文学与音乐评论家爱杜华·杜亚丹（Edouard Dujardin，图版 19）、西班牙舞者马卡隆娜（La Macarona）、蒙马特的摄影师和表演者塞斯考（Sescau，图版 34），以及莫里斯·吉贝尔（图版 33、34）。在后方背景中的则是两对风格迥异的组合——矮小的劳特累克本人和他那高大而行动不便的来自席雷朗家族的表弟加百利·达比埃（图版 22），以及拉·古留和她的"姐妹"（真实身份则是她的同性恋人）——也是在红磨坊当舞者的"奶酪姑娘"（La Môme Fromage）。后面提到的两人也出现在另一幅结构不尽相同的画作之中（图 14）。

17

在红磨坊入口的珍·阿芙丽
Jane Avril in the Entrance of the Moulin Rouge

1892 年；硬纸板上油彩和粉蜡笔；102cm×55cm；考陶尔德学院画廊，
伦敦

图 15
**跳着舞的珍·阿芙丽（为海报"巴黎花
园：珍·阿芙丽"所绘制的草图）**

1893 年；硬纸板上油彩；99cm×71cm；塔夫洛
斯·尼阿科斯藏品

珍·阿芙丽是一位巴黎交际花和一位意大利贵族（与诗人纪尧
姆·阿波利奈尔同源）的女儿。她的母亲是位半疯的泼妇，在人生
早期，珍·阿芙丽便因她那古怪的妈妈而神经衰弱，并住进了萨普
特黑赫（Saltpêtrière）医院。当她还只是位在红磨坊歌舞团工作的
舞女时，劳特累克便发现了她。她很快就获得晋升机会并成为明星
舞者，当然这离不开劳特累克的极力推荐。珍·阿芙丽吸引人的原
因之一是，即便在花哨粗俗的大环境中，她还是能保持一种特别的
优雅和得体的姿态。她有一个与她并不相称的昵称——"麦宁炸药"
（La Mélinite，或称"Dynamite"）。为劳特累克作传的权威作家莫
里斯·茹瓦扬（Maurice Joyant）曾形容她的舞姿像"忘形的兰花"
（orchid in ecstasy）一样。当劳特累克真的对某一位表演者——比如
珍·阿芙丽——特别感兴趣时，他会想要记下对方在公共场合及私下
的样子，这也正是他创作这幅画的目的。这幅跳着舞的阿芙丽（图
15）是劳特累克为她创作的一张海报的草图，完美地展现了她的专业
性。画中阿芙丽的姿势名为"手部运行"（port de bras），指的是将双
手置于大腿下方时，腿向两边挥摆的一系列动作——也即对拉·古留
那充满动感的高踢腿舞蹈动作的一种变体。

18 伊薇特·吉贝尔向观众致意
Yvette Guilbert Taking a Curtain Call

1893 年；水彩； 42cm×23cm；罗德岛设计学院，普罗维登斯

图 16
伊薇特·吉贝尔

1894 年；水墨素描；21cm×16cm；素描陈列馆，
卢浮宫，巴黎

图 17
伊薇特·吉贝尔向观众致意

1894 年；水墨素描；
15.5cm×11cm；素描陈列馆，卢浮
宫，巴黎

在劳特累克曾描绘过的所有表演者当中，与他关系最为亲近的当属阿里斯蒂德·布留安和在这幅画作中出现的伊薇特·吉贝尔（图版 29），因为他们俩与他的灵魂最为契合。劳特累克最终还以伊薇特·吉贝尔为主题，出版了两本石版画集。不过，他们初识时的关系并不很融洽。劳特累克经阿里斯蒂德·布留安的作曲家朋友莫里斯·多内（Maurice Donnay）介绍，认识了已成名的吉贝尔。劳特累克希望能为她设计一张海报，吉贝尔却并不欣赏他的草图，并给出如下答复：

> 亲爱的先生，
> 就像我先前告诉你的那样，我已经定制了这个冬天所需的海报，它也快完工了。所以就让我们为这个计划另找合适的时机吧。不过，看在老天的份上，能别把我画得如此丑陋不堪吗？先生，如果可以的话，至少画得美些吧！……许多人在见到这张上色图稿时，都惊恐地叫出声来……不是每个人都能欣赏到其中艺术性的一面的……
> 哦，好吧！还是谢谢您。
> 伊薇特

劳特累克快速完成的草图展现了他不留情面的敏锐洞察力。

19

迪旺·亚波奈

Divan Japonais

1893 年；海报（彩色石版画）；79.5cm×59.5cm

迪旺·亚波奈是一家精美的有着日式装潢风格的小型卡巴莱。它那相对狭小的空间非常适合伊薇特·吉贝尔表演，因为她的嗓音是出了名的微弱。吉贝尔出现在这幅作品的背景之中。虽然她的头部被截在画面之外，但人们还是可以通过她那标志性的黑长手套认出这是伊薇特·吉贝尔。画中的主要人物——衣着雅致的观看者——是珍·阿芙丽，她身旁的人是文学与音乐评论家爱杜华·杜亚丹，他在《在红磨坊》（图版 16）中也现了身。作为《独立杂志》（*Revue Indépendante*）的主编和《华格纳杂志》（*Revue Wagnérienne*）的合编者，杜亚丹在象征主义圈中的地位不容小觑。他是马拉美最为狂热的仰慕者——几乎到了盲目崇拜的地步——然而后者并不领情。他称杜亚丹为"老海狗和布列塔尼海牛的后代"。印象主义画家，尤其是德加和雷诺阿使得描绘剧院内观众的场面成为一种潮流，劳特累克也在他的几幅画中就相应的主题做了些许文章。本页中的作品（图 18）是另一个例子，它是为乔治·克列孟梭（Georges Clemenceau）于 1898 年出版的《西奈山山脚》（*Au Pied du Sinaï*）所绘制的插画。这是本讲述波兰犹太人的书，也许劳特累克受邀为此书绘制插图才是最出人意料的事。

图 18
莫伊斯男爵（包厢）

1897 年；石版画；17cm×14cm；为 1898 年出版的《西奈山山脚》所创作的插画

20

王子
M. Praince

1893 年；硬纸板；51cm×36cm；私人收藏

图19
**在《情人》中的路西安·吉特里
和珍妮·葛哈尼尔**

1895 年；硬纸板上油彩；55.5cm×43cm；
图卢兹-劳特累克博物馆，阿尔比

虽然人们一直都把"Praince"当作画中主角的名字，但他更有可能会被叫作"Prince"（王子），且是个英国人或爱尔兰人。当时，巴黎的卡巴莱和音乐厅中有许多来自海峡对岸的表演者。劳特累克描绘过的其他三位表演者中，有舞者梅·弥尔顿（May Milton，她是珍·阿芙丽的密友。阿芙丽给她起绰号为米索希，即"Missaussi"，前者会在收到邀请时问"我能不能把米索希也带上？"）以及梅·贝尔福和模拟剧演员塞西·罗芙特（图5）。不管在什么情况下，劳特累克都对与英国相关的事物很感兴趣。他在巴黎最爱光顾的酒吧中，也有几家是英国人经常聚集的地方。这幅图稿展示了劳特累克在捕捉表演中的演出者神韵方面那无人可及的天赋——这在描绘路西安·吉特里（Lucien Guitry）和珍妮·葛哈尼尔（Jeanne Granier）的石版画（图19）中也有所体现。相较普通的男子肖像画，《王子》更像是对这个男人在这一特定时刻希望呈现给观众的形象的写照。劳特累克将精力集中在用戏剧性的灯光效果来塑造的男子面具般的表情上。这样的处理方式与《在红磨坊》（图版16）中画面右侧那巨大的女子头像有异曲同工之处。

21

五彩纸屑
Confetti

1894 年；海报（彩色石版画）；54.4cm×39cm

　　劳特累克的《五彩纸屑》是为一家英国公司设计的海报，但它却汲取了巴黎式狂欢的精髓。这幅作品展现了劳特累克对他同时期的海报设计者——尤其是薛雷（Chéret）——的深度借鉴，以及远超他们的事实。劳特累克对万有引力理论的公然蔑视是画中最让人印象深刻的一点——占据图中大部分面积的女孩悬浮于空中，而非站立或者奔跑。那些向她抛洒五彩纸屑的手则与任何可能存在的躯体分离开来。据说画中模特是女演员珍妮·葛哈尼尔。她与路西安·吉特里一起，在劳特累克的另一幅描绘了戏剧《情人》场景的海报中出现（图 19）。劳特累克经常参与剧院宣传册的设计，也会绘制跟戏剧主题相关的插画。虽然它们尺幅较小，但和他创作的海报一样大胆醒目。在本页用于对比参照的节目单（图 20）中，劳特累克使用了他最爱的空间处理手法——桌面的对角线。就像《五彩纸屑》一样，劳特累克为法布尔的《金钱》所设计的节目单也充斥着松散飘逸的衣物，它们那不确定的形状几乎完全依靠画家对轮廓线的勾画才体现出来。

图 20
先生和女士（为法布尔在自由
剧院上演的喜剧《金钱》所制
作的节目单）

1893 年；彩色石版画；32cm×24cm

22

来自席雷朗家族的医生加百利·达比埃
Dr Gabriel Tapié de Céleyran

1894 年；油画；110cm×56cm；图卢兹-劳特累克博物馆, 阿尔比

来自席雷朗家族的加百利·达比埃是劳特累克的表弟，也是劳特累克在蒙马特夜间漫步时陪伴其左右的朋友。劳特累克有多矮小，达比埃就有多高大；劳特累克有多健谈，达比埃就有多不善言辞。劳特累克为这样的反差感到高兴，还常拿他的表弟开玩笑。这幅油画有着强烈的漫画意味——很显然，它是从多幅为加百利·达比埃（图 21）所做的光效实验（lightning studies）中演变而来的作品。画中的年轻医生被安置在一个还算"体面"的环境中——他正穿过法兰西喜剧院的门厅。达比埃对劳特累克说的那些俏皮话并不在意，长久以来，他都是劳特累克艺术作品的仰慕者。除此之外，达比埃也被牵扯到了一些实际问题中。比如，劳特累克于 1899 年 2 月突发震颤性谵妄病症，并不得不住进讷伊的精神病院这事，达比埃就得负部分责任。

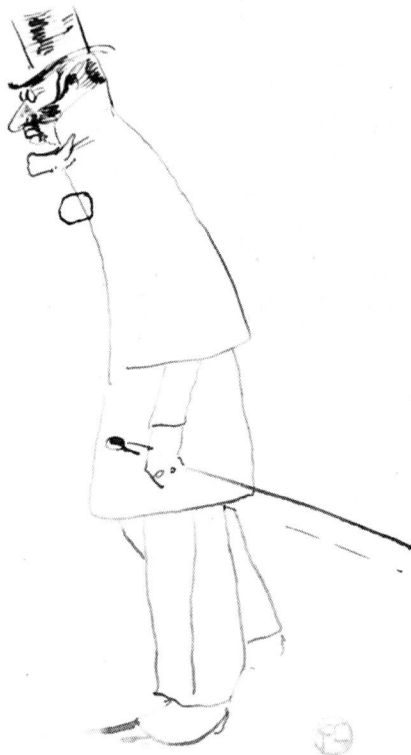

图 21
**实习医生：来自席雷朗家族的
加百利·达比埃（画家的表弟）**

1894 年；墨水和纸张；32cm×20cm；
图卢兹-劳特累克博物馆, 阿尔比

23

红磨坊的舞蹈
Dance at the Moulin Rouge

1890 年；油画；115cm×150cm；亨利·麦基藏品，费城

　　这幅作品精心的构图展现了红磨坊的舞者在表演时的状态——并非是在舞台上，而是在任何能清出位置站有一大群客人的地方。画中的女孩是否为拉·古留还有待考证，但她身边的男士可以确定为著名的"软骨头"瓦伦亭。瓦伦亭的真名叫雅克·胡诺丹（Jacques Reynaudin）。他那个性突出的外表和卓越的舞蹈技巧都是他出名的原因。瓦伦亭强调自己是个外行人，且从不拿工钱。他私底下有些收入，并兼职为他做公证人的兄弟做事。白天，人们有时会看到他坐在一辆精致的马车中穿过布泫涅（Boulogne）森林，身边坐着拉·古留。然而，他们的情感关系完全是柏拉图式的。也许他是唯一一位能让以缺乏社交风度著称的拉·古留接受邀请的男人。

24

磨坊街上的沙龙
The Salon in the Rue des Moulins

1894 年；蜡笔； 111.5cm×132.5cm；图卢兹－劳特累克博物馆，阿尔比

　　这幅画是劳特累克所绘的妓院系列中最出彩的一幅，它展现了女孩们在位于磨坊街的奢华妓院里的"摩洛哥"沙龙中的待客场景。画面前景里蜷起腿的人物通常被认为是最得劳特累克欢心的米瑞（Mireille）。她会来他的工作室看望他——事实上，他们最终约定，当劳特累克想让米瑞来时，他会付钱让她休息一天。然而，这一看法并不能使所有人信服。据说劳特累克不再出现在他先前常去的位于昂布瓦斯（Amboise）街的妓院，而改去了开在磨坊街上更新更大的那家妓院的原因，就是米瑞离开了他。劳特累克对一位朋友说过："米瑞去阿根廷了。某些做肉类加工的商贩让她相信能在那儿捞上一笔。我试着将这样的想法从她的脑海中剔除，但她竟十分相信他们的蠢话。没有任何一个去阿根廷的女孩会回来。两年之后，她们就完了。"

玩牌人
The Card-players

1893 年；硬纸板；57cm×44cm；哈纳鲁瑟藏品，伯恩

这是另一幅描绘磨坊街沙龙中待客女子的场景。画中女孩们那放松而又自然大方的样子体现了劳特累克在这间屋子里的特殊地位——就如同石版画《端托盘的女子》（图 22）所示，他在任何时间点都可以自由出入这些房间。"在这些女孩身边，"一位目击者写道，"劳特累克像是个被宠坏的孩子，亲密而又专横地对待她们。她们欣赏他那友善的朴实，这从来都与他那著名艺术家的身份，或是他显赫的家族背景无关"。在他人的描述下，劳特累克四处游荡，用手杖敲地，有时还会高唱爱国主义歌曲。他会花时间和女孩们八卦她们的感情生活，比如她们又抓住了哪些男人的心，他还会对她们生活中哪怕最微小的细节都表现出极大的兴趣。不过，当劳特累克收到她们其中一位的婚礼请柬时，他声称他还是受到了惊吓。那封请柬是由"磨坊街的女士们"一起发出的。

图 22
端托盘的女子（朱丽叶·拜伦和波波小姐）

1896 年；石版画（来自版画集《她们》）；40cm×52cm

26 两个朋友
Les Deux Amies

1894 年；硬纸板；48cm×34cm；泰特美术馆，伦敦

女孩们在妓院中的生活时常会让她们产生同性之间的情愫。她们在这样的关系中汲取温情和理解，而这往往是在购买她们专业服务的男人身上所欠缺的。劳特累克对这个现象很是着迷，女同性恋是他整个妓院系列油画中的一个题材。在他的笔下，女孩们彼此爱抚，或躺在同一张床上（图23）。劳特累克收集这类快照及其他记录妓院生活的纪念品。其中一张照片对他来说有一种特殊的吸引力——它展现了两个女孩蜷在一起的场景。他的版画家朋友查尔斯·莫林（Charles Maurin）看到这张照片时，激动地评论道："这胜过一切。没有什么能比得上它的纯粹。"不过，他本人在现实生活中的反应是否如他所表现的那样坦率是不得而知的。当代心理学家会很乐意将该行为解释为男性窥视癖者对这类女同性恋者间互动的迷恋。

图 23
在床上

1893 年；硬纸板上油彩；
53cm×34cm；比尔勒基金会藏品，
苏黎世

27

调整袜带的女子
Woman Adjusting her Garter

1894 年；硬纸板；58cm×46cm；奥赛美术馆, 巴黎

劳特累克时常光顾的妓院为他提供了许多素材以及为裸体女性写生的机会。《调整袜带的女子》是这些裸女画稿中最为大胆的一幅，展现了劳特累克娴熟的技巧。不仅如此，它所传达的信息在所有画稿中也最具挑衅性意味。裸露身体的女子显然是名妓女，站在她身旁的是有着瘦削尖酸之脸的妓院男佣，正在直勾勾地盯着她看。介于穿和脱之间的状态十分撩人——远比全裸要来得情色。这幅画中极为震撼的一点是，劳特累克所描绘的全然不是理想化的美——这名女子的一些部位已经松垂，皮肤表面也凹凸不平。对他来说，对人体体积感的着重描画并不常见——《熟睡的女子》（图 24）中那简洁的轮廓线更像是他惯用的手法，从产生的效果来看也更为传统——从中能看到安格尔，甚至是布歇及华托的裸女画像的影子。

图 24
熟睡的女子

1896 年；红色粉笔和纸张；
20cm×27cm；博伊曼斯·范伯宁恩
美术馆, 鹿特丹

28

路易·福勒
Loïe Fuller

1893 年；海报（彩色石版画，手工上色）；43cm×27cm；法国国家图书馆

在劳特累克所有歌舞厅题材的作品当中，描绘美国舞者路易·福勒的画作当属最抽象的一幅。在这里，比起关注表演者的个人特征，劳特累克更在意的是整体效果。路易·福勒在女神游乐厅（Folies Bergère）的独舞吸引了艺术家、知识分子和歌舞厅常客的注意力。她那精彩的表演对新艺术设计影响颇深。数不尽的小型雕塑、镀金或银的青铜烛台和桌灯都烙有她的印记。在路易·福勒登台后不久，狄亚吉列夫所呈现的演出也或多或少有她的影子。电子聚光灯透过彩色玻璃窗将舞台照亮，福勒身着轻薄透明的褶皱垂布，通过控制藏在戏服中的长杆来使她的形象几乎从观众的视野中消失。劳特累克采用特殊的方法来描绘她所创造的"转瞬即逝感"（the fleeting effects）——他先通过牙刷的刷毛来泼溅颜料，再在海报上撒上金粉。在另一幅描绘珍·阿芙丽的海报中，劳特累克也运用了类似的手法。

图 25
珍·阿芙丽

1893 年；石版画；
26.5cm×21cm；源自《咖啡音乐会》集

29

阿里斯蒂德·布留安

Aristide Bruant

1893 年；海报（彩色石版画）；127cm×92.5cm

图 26

阿里斯蒂德·布留安

1893 年；石版画；
26.5cm×21cm；源自《咖啡音乐
会》集

　　早在劳特累克之前，阿里斯蒂德·布留安便已在蒙马特初露头角。作为一位在闲暇时间写歌的铁路雇员，他在 34 岁时转行，并于 1885 年创办了一家名为"芦笛"的小型卡巴莱。布留安为自己设计了一套特殊的行头——松软的帽子、披肩、黑丝绒西服、红色围巾和短靴。他写的歌粗糙而质朴，并且不给那些成群结队赶来见他的中产阶级顾客好脸色看。他是劳特累克早期的最爱之一，作为对此钦慕之情的回应，布留安也给这位年轻艺术家提供了为芦笛创作装饰画的机会。这是劳特累克后来为布留安所创作的那幅著名海报的设计图。和伊薇特·吉贝尔不同，布留安并没有轻视这样一幅作品能为他的事业所带来的价值。在搬到一个空间更大的新址时，布留安坚决要求那位不情愿的经理挂出这幅画作，还威胁说他在这幅作品未得到展示之前是不会出现的。虽然这幅作品成功地捕捉到了布留安的气场，但他那粗鲁而自命不凡的特质还是在左边的这张四分之三侧面图中更为显著。

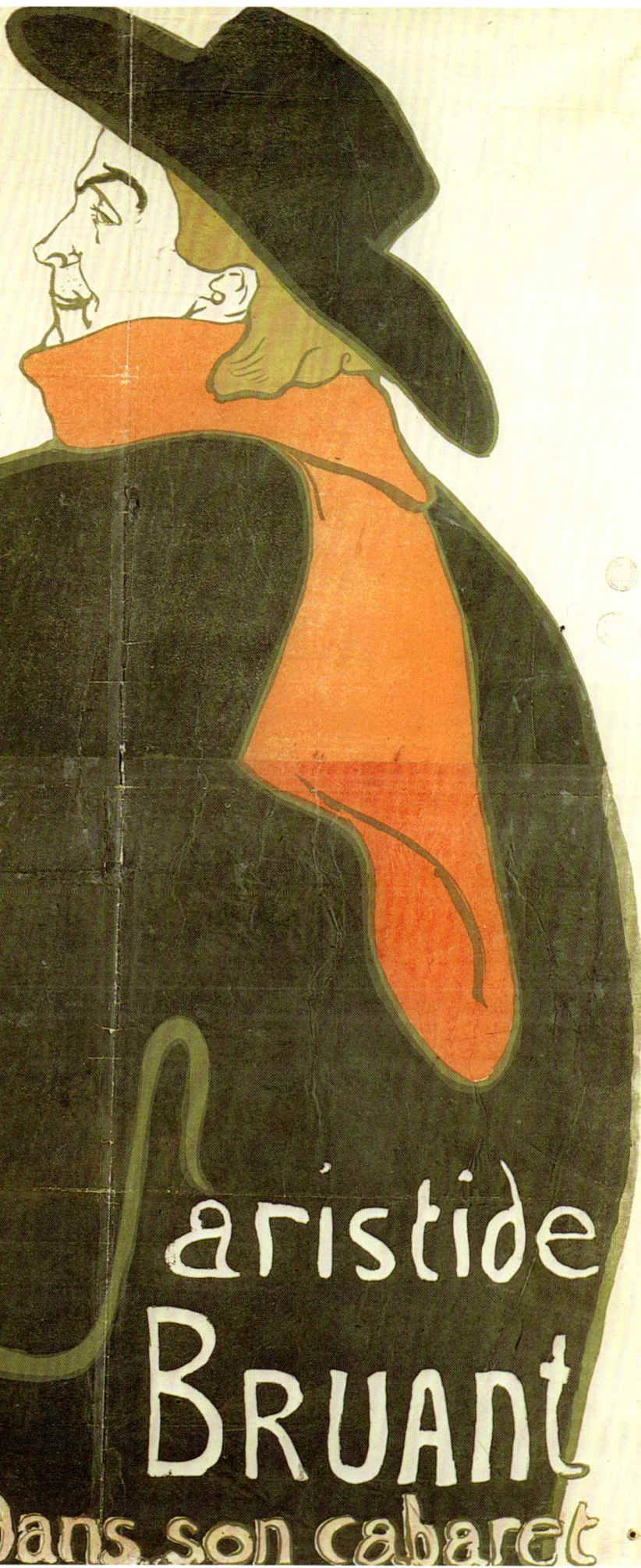

30

奥斯卡·王尔德
Oscar Wilde

1895 年；水彩；58.5cm×48cm；私人收藏

图 27
奥斯卡·王尔德和罗曼·库鲁斯（为作品剧场的两场表演，即王尔德的《莎乐美》及库鲁斯的《拉斐尔》所绘制的插图）

1896 年；石版画；30cm×49cm

　　劳特累克时常会去伦敦做短途旅行。在 1895 年的那趟伦敦之行中，他正好赶上王尔德的两场审判——确切来讲，这根本不是审判，因为王尔德才是状告昆斯伯里（Queensberry）侯爵诽谤罪的原告。劳特累克被王尔德的样貌深深吸引，萌生了为他创作肖像画的想法。虽然王尔德拒绝了画家的提议，但他同意劳特累克来"看"他一到两次。这张出众的彩色画像便是最终成果。它展现了王尔德背对着具有英国象征意义的泰晤士河和国会大厦时的样子，以及他那颓废又英雄般的形象。劳特累克没有尝试美化描绘对象的样貌，但后者的面部特征，甚至那玫瑰花瓣一样的嘴唇，都充满着一种忧伤的高贵气息——这对于劳特累克来说很不寻常。王尔德的命运在海峡的另一边广受关注，并引起了人们的同情。这幅画像出现在《白色评论》中，并在作品剧场（Théâtre de l'Oeuvre）的主人吕涅波（Lugné-Poe）将王尔德的《莎乐美》及劳特累克好友罗曼·库鲁斯（Romain Coolus）的《拉斐尔》排在一起演出时，被用作节目单的背景图（图 27）。

31

拉·古留与"软骨头"瓦伦亭共舞
La Goulue Dancing with Valentin-le-Désossé

1895 年；油画；298cm×316cm；奥赛美术馆，巴黎

图 28
**图版 31 中关于"软骨头"
瓦伦亭的细节**

1895 年；油画；298cm×316cm

除了劳特累克以外，任何艺术家都会因这位委托人及其委托的这件巨幅作品而惊慌失措。1895 年，也就是拉·古留在红磨坊大获成功后的第 4 年，拉·古留决定离开红磨坊，并在一个名为御座庙会的露天会场以个人名义进行表演。当年的 4 月 7 日，她写信给劳特累克，询问后者是否愿意为她"在你走进来时位于左边"（on the left as you come in）的展棚创作几幅画。这正好是那类能激发劳特累克幽默感的请求（不过这项委托很大概率是直接由当事人，而非通过多位中间人促成的）。显然，劳特累克需要在短时间内完成这些作品，又因为它们应该起到装饰性效果，还要满足人们在远处就能一眼瞧见它们的需求，他特意选用粗略的方式来处理这些巨大的油画布。在这幅画作中，劳特累克试着将他在红磨坊所感知到的一切都包含在内——旨在让观者能通过它联想到拉·古留成名的环境。许多大胆的细节都令人震惊，如构图中左侧的焦点——瓦伦亭那巨大的头部。

32

图版 31 中关于拉·古留的细节
Detail of Plate 31, showing La Goulue

1895 年；油画；298cm×316cm；奥赛美术馆, 巴黎

这是劳特累克为拉·古留在御座庙会上的展棚所创作的两幅作品中的第一幅。他在此画中证明了他能用极简的表现手法来描绘令人信服的人物形象的能力。背景色出现在画面的每一个角落——它被用来展现拉·古留裙上的褶皱和衬衫上的条纹。她那独特的发型（发丝被盘成一个结，固定在头顶）和她脖颈上一直戴着的丝带在此画中都有所还原。刘海几乎将她的前额全部盖住，而她脸颊的上半部分也藏在粉色的阴影之下。然而，劳特累克体现拉·古留之个人特质的方式并非是通过对她面部特征的刻画，而是通过对她身体的描绘——她有些别扭的姿势、宽大的肩膀，以及将充满"反抗精神"的裙摆往下压的双臂。拉·古留被描绘成倔强而充满活力的动物化身，近乎一头即将撞向她舞伴腹部的公牛。

跳舞的拉·古留（"东方舞女们"）
La Goulue Dancing ('Les Almées')

1895 年；油画；285cm×307.5cm；奥赛美术馆, 巴黎

　　这是劳特累克为拉·古留在御座庙会上的展棚所绘制的两幅作品中的第二幅，展现了她表演东方舞蹈时的样子——"almée"指跳东方舞或肚皮舞的舞女——这也是拉·古留准备在展棚中呈现的娱乐项目。当然，画中场景与此类演出的真实场景相差甚远，拉·古留的高抬腿动作其实属于康康舞，而不具备任何东方风情。不过，两位东方音乐家倒是出现在了画面的右侧，一位在用他的手掌心击打小鼓，另一位则摇着铃鼓。根据当时的新闻稿可知，拉·古留还请了一组肚皮舞舞者来表演。总体来讲，虽然展棚本身得到了大量的媒体关注度，反响却并不尽如人意。劳特累克曾是柯罗蒙的学生，柯罗蒙被人说服去参观展棚，回来时竟带着怒气嘟哝道："这就是所谓的杰作！？"

　　拉·古留之后的职业生涯充满悲剧色彩。她尝试了不同类型的商业演出，身材变得越来越臃肿，以至于过于笨拙而无法跳舞。她甚至还做过驯兽师。最后，她做起了妓院里的女佣，在 1929 年去世时一贫如洗。

　　1926 年，画商将劳特累克为拉·古留创作的油画分割成几部分分别售卖。幸运的是，它们最终还是被拼成一幅完整的画，虽然破坏的痕迹在画面上清晰可见。

34

图版 33 中关于奥斯卡·王尔德的细节
Detail of Plate 33, showing Oscar Wilde

1895 年；油画；285cm×307.5cm；奥赛美术馆, 巴黎

在这张劳特累克为拉·古留在御座庙会上的展棚所绘制的第二幅油画的细节图中，劳特累克用到了他朋友们的形象。人们可以辨认出画中所有的人物。从左往右，分别为劳特累克时常造访的黑猫酒馆中的钢琴家旦尚（Tinchant）、摄影师塞斯考、莫里斯·吉贝尔、来自席雷朗家族的医生加百利·达比埃、奥斯卡·王尔德和未在这幅图版中出现的珍·阿芙丽、劳特累克本人，以及艺术评论家费利克斯·费内翁（Félix Fénéon）。王尔德的在场纯粹是象征性的。他也许从未见到过拉·古留在红磨坊的辉煌，但他在这幅画中的存在影射了一个事实——虽然王尔德来自另一领域，但他俩陷入了同样的困境。费内翁也因为相同的原因出现在这幅画中——他原是一位公务员，却因为对无政府主义的支持入狱，并丢了官职，当时正在《白色评论》任职。画中的肖像有一种凌乱之美——接近漫画的表达方式。它不仅展现了劳特累克精湛的绘画技艺，还表现出他对现有艺术传统的不屑一顾。

35

女小丑夏乌考
The Clowness Cha-U-Ka-O

1895 年；硬纸板； 64cm×49cm；奥赛美术馆, 巴黎

　　这张展示后台状态的肖像画描绘的是一位对劳特累克的吸引程度不亚于拉·古留和珍·阿芙丽的人。这位女小丑据说是位日本人，而她的名字则取自一个复杂的法国双关语——夏育（一种康康舞中的高踢腿动作）和混乱（chaos）。这幅作品是展现劳特累克运用非传统的手法来塑造人物形象的绝好例子。画中女子看起来对画家的存在毫不知情，她完全沉浸在整理戏服的过程中。虽然她的半边脸都被那只抬起的离我们最近的手臂挡住，但她的形象仍然清晰可辨。这幅画的另一个特点——体积感，在劳特累克的作品中并不常见。快速落下的笔触将画中人像那厚实的肩膀和胸部描绘得十分逼真。

36

妓院中的女人们
Women in a Brothel

1896 年；硬纸板；60cm×80cm；奥赛美术馆，巴黎

劳特累克之所以对妓院感兴趣，并不完全因为这是性交易场所，更多是因为它代表着一种非常特殊的亲密社群——妓院与女修道院在这点上有几分相似。在桌边坐着的女人们那放松、私密的姿势传达了一个信息：对她们来说，这是个稀松平常的场合——太过平常以至于她们都变得慵懒而百无聊赖。相反，色眯眯地斜睨着女子的洗衣工则是位入侵者，一个绝对的局外人。他来取走妓院中使用过的物品，如被弄脏的床单等。在这里，劳特累克捕捉到了妓院那毫无浪漫可言的苦差事的感觉。他笔下描绘妓院的画面与色情作品无关，它们反映的是画家对社会的观察。

图 29
妓院里的洗衣工

1894 年；油画颜料和硬纸板；
58cm×46cm；图卢兹-劳特累克
博物馆，阿尔比

浴室中的女子
Woman at her Toilet

1896 年；硬纸板；67cm×54cm；奥赛美术馆，巴黎

图 30
梳头女子

1896 年；油画颜料和硬纸板；
55cm×41cm；图卢兹-劳特累克
博物馆，阿尔比

同样，这可能也是妓院的一个场景，但此画深刻地体现了德加对劳特累克的影响力。对比发现，它与德加一系列描绘女子沐浴的构图——包括蜡笔画、雕塑、蚀刻画以及单版画——有关。德加在 1879 年完成了至少一幅与该主题相关、并把场景设置在妓院中的版画。同属一个系列的作品还有《严肃的主顾》（ *The Serious Client* ）和《女士的生日》（ *The Madame's Birthday* ）。德加一如既往地选择高视角构图，他常将女孩的背部朝向观者，这也正是劳特累克在这幅画中采取的方式。他甚至在画中构造出了深度——这在他此阶段的作品中通常是被摒除的。这是他向崇拜的大师致敬的作品之一。

38

站立着的马塞尔·朗黛
Marcelle Lender, Standing

1896 年；彩色石版画；35cm×24cm

图 31
在《撒旦夫人》中的马塞
尔·朗黛和亚柏·巴舒

1893 年；石版画；34cm×25cm

相较而言，女演员马塞尔·朗黛是晚期才成为劳特累克的爱慕对象的。她在一家正规剧院（而非卡巴莱或是歌舞厅）工作。与大多数劳特累克喜爱的女性表演者不同的是，朗黛真的很有吸引力。人们对她的优雅和天赋都赞赏有加。劳特累克为她着迷的一个原因便是她的红发——他爱红发女子是出了名的。一开始，劳特累克为她在舞台上出演不同角色（图 31）的样子画了几幅素描，并制作了一张石版画，但直到 1896 年，他对她的狂热才达到顶峰。也正是在这一年，朗黛在艾尔维（Herve）于综艺剧院上演的轻歌剧《希尔佩里克》（Chilpéric）中担任女主角（图版 41，图 33）。劳特累克几乎每天晚上都在剧院的同一座位——即位于剧场中央的座间通道的左边——欣赏这部歌剧。他会在她如明星般登场跳波莱罗舞时赶到。他还让他所有的朋友们陪他一块儿去看演出，当其中一人反抗说听够了这场剧中的音乐时，劳特累克特别声明："我只是来看朗黛的背部的。仔细看，你绝对没见过这么棒的。"

女小丑夏乌考
The Clowness Cha-U-Ka-O

1895 年；硬纸板； 81cm×60cm；佛罗伦斯·古尔德夫人藏品，纽约

图 32

红磨坊的狂欢节：夏乌考的亮相

1896 年；蓝色蜡笔；
63cm×50cm；海特·威瑞尔基金，哈佛大学福格艺术博物馆，剑桥市，麻省

围绕在劳特累克身边的人中，夏乌考常被看作是最为神秘的一位——关于她的故事并没留下多少。在这幅画中，她看上去也十分神秘。夏乌考将双手深深插入戏服口袋中，沉浸在自己的世界中，好似只有她一人存在。她那略微交错的视线进一步强调了她斯芬克斯般的性格，就好像她在盯着自己的鼻尖看一样。在劳特累克的素描（图32）中，夏乌考是红磨坊狂欢节日游行的领头者，画家捕捉到了她内敛、如同僧侣般的气场。

据说，劳特累克被他在蒙马特的卡巴莱和妓院中所接触到的工人阶层出身的女孩们的自发性和不可预测性所深深吸引，但他对这位女性小丑的兴趣更深。夏乌考吸引劳特累克的原因之一显然是她的同性恋身份。她成为同性恋并不仅仅像劳特累克在昂布瓦斯街和磨坊街见到的那些女人们那样只是受到了外在环境的影响，另外一个很重要的原因是她个性强势。

女小丑夏乌考
The Clowness Cha-U-Ka-O

1895 年；硬纸板； 81cm×60cm；佛罗伦斯·古尔德夫人藏品，纽约

图 32

红磨坊的狂欢节：夏乌考的亮相

1896 年；蓝色蜡笔；63cm×50cm；海特·威瑞尔基金，哈佛大学福格艺术博物馆，剑桥市，麻省

围绕在劳特累克身边的人中，夏乌考常被看作是最为神秘的一位——关于她的故事并没留下多少。在这幅画中，她看上去也十分神秘。夏乌考将双手深深插入戏服口袋中，沉浸在自己的世界中，好似只有她一人存在。她那略微交错的视线进一步强调了她斯芬克斯般的性格，就好像她在盯着自己的鼻尖看一样。在劳特累克的素描（图32）中，夏乌考是红磨坊狂欢节日游行的领头者，画家捕捉到了她内敛、如同僧侣般的气场。

据说，劳特累克被他在蒙马特的卡巴莱和妓院中所接触到的工人阶层出身的女孩们的自发性和不可预测性所深深吸引，但他对这位女性小丑的兴趣更深。夏乌考吸引劳特累克的原因之一显然是她的同性恋身份。她成为同性恋并不仅仅像劳特累克在昂布瓦斯街和磨坊街见到的那些女人们那样只是受到了外在环境的影响，另外一个很重要的原因是她个性强势。

40

保罗·勒克莱克

Paul Leclercq

1897 年；硬纸板； 54cm×67cm；奥赛美术馆, 巴黎

　　勒克莱克是"白色评论"团体圈内的作家。1920 年出版的《大评论》（ *La Grande Revue* ）杂志刊登了他撰写的有关劳特累克的一些旧事。他在这期杂志刊登后的一年里，将这幅描绘他本人的肖像画捐赠给卢浮宫。这幅画是劳特累克刚刚从他度过了 10 年光阴的位于可兰谷街的画室搬到佛秀（Frochot）大道 15 号后创作的。此次搬迁也许是因为他想离他每日共进午餐的母亲近些。勒克莱克回忆道，当他第一次爬上两段台阶时，他仿佛听到有人用擀面杖做面包的声音。这实际上是穿着红色法兰绒衬衫、戴着游艇帽的劳特累克在用划船机（rowing machine，推测应该是一种功能接近现在意义划船机的运动器材）运动时发出的声响。一个月里，勒克莱克每周为劳特累克做 3 ~ 4 次模特，不过加起来的全部时间只有三四个小时。劳特累克会拿起笔，画上三四笔，在描摹勒克莱克厚嘴唇的同时吃点美食，然后坚持带他去最近的酒吧坐上一会儿。

41

在《希尔佩里克》中跳波莱罗舞的马塞尔·朗黛

Marcelle Lender Dancing the Bolero in 'Chilpéric'

1895 年；油画；145cm×150cm；约翰·惠特尼藏品，纽约

图 33
女演员，马塞尔·朗黛
（在综艺剧院于 1895 年上
演的艾尔维的轻歌剧《希
尔佩里克》中）

1895 年；彩色石版画；
32.5cm×24cm

这也许是劳特累克描绘戏剧场景的作品中最出彩且复杂的一幅。它主要的特点之一是鲜明闪耀的色彩——这并非劳特累克的强项。一些与他同时代并喜爱他作品的人时常会对他在这方面的弱点颇有微词。与此同时，劳特累克将舞蹈的动态和戏剧性的氛围表达得淋漓尽致。画家敏锐的观察力捕捉到了围绕着朗黛的人物姿势的做作感，这使画作传达出一种整体的荒谬感。

虽然劳特累克经常会唱些当季和已经过时的流行歌曲，他对音乐的不在行却是众人皆知的——在这一方面，他不像他敬仰的大师德加那样对音乐颇有研究。剧院吸引他的地方在于它那难以界定的特性，以及由演员们一夜又一夜创造出来的场景。在这幅画中，他在表达感兴趣的事物方面则显得尤为成功。

42

在酒吧
In the Bar

1898 年；硬纸板；81.5cm×60cm；苏黎世美术馆，苏黎世

就像德加一样，劳特累克对人与人之间的交流并无兴趣，他反而被人们彼此间的冷漠所吸引。这幅画作在描绘对象方面与《"在咖啡馆"》（图版 8）相似，但完成的时间较晚，传达的气氛也更为微妙。画中展现了一位面部充血的酒吧客人，以及在他身后右侧一位面色惨白的出纳员。他们两人都沉浸在自己的世界中——如果我们能认为这位男子在思考的话，毕竟他只是茫然地望向远方。这幅作品是基于劳特累克在当时常光顾的歌剧院和马德莱娜教堂附近的某个酒吧中的观察而得。他喜欢"韦伯的酒吧"(Weber's)、"爱尔兰人和美国人"（Irish and American）、斯克里布街（Rue Scribe）上的"皮克顿"（Picton）和相隔几家店面的"阿基琉斯"（Achille's）。位于皇家大道上的"爱尔兰人和美国人"大概是巴黎最英伦风的酒吧了，常客中除了来自英国的赛马骑师和马车夫以外，还包括英国演员和作家。吧内酒保有中国人和印第安人的血统。这间酒吧因为它"坐在酒保对面那些缄默不语，对着一排排酒瓶迷失在沉思中的醉酒人"而闻名。

43

斯芬克斯

The Sphinx

1898 年；硬纸板； 81.5cm×65cm；阿尔弗雷德·奥斯曼藏品，瑞士

　　这是描绘磨坊街上一名妓女的肖像画，人们通常会说，这条街上有着全巴黎最著名的妓院。但这幅画并不像之前劳特累克为时常光顾的昂布瓦斯街上妓院中的妓女创作的肖像画一样。不仅仅因为这位女子更具风韵，还因为画中的她有一种挑衅般的锋利气场——似乎有点夏乌考肖像画的意味。虽然劳特累克一直以来都是被宠坏的孩子，但他与女孩儿们的关系从来就不是快乐无忧的，尤其在他快速堕落的阶段。他不但要像其他顾客那样为性服务买单，服务他的人还能从他所喝的酒水中抽提成。因此，他们助长了他酗酒的嗜好。当劳特累克在妓院过夜后，妓女们又于凌晨时分将喝得烂醉的他塞入出租马车。因此，劳特累克在描绘他的陪伴者时，从来不带任何感情色彩。

44

"开场小戏"

'Au Petit Lever'

1896 年；《她们》中的石版画；40cm×52cm

图 34
**她们（为此版画集所创作
的宣传海报）**

1896 年；彩色石版画；
61cm×48cm

　　这一系列名为《她们》的石版画展现了妓女们的妓院生活，是劳特累克的主要成就之一。整套石版画共有 10 幅作品，最初出版时印了 100 份。19 世纪 90 年代，虽然巴黎的整体氛围较伦敦而言更自由开放，但创作与此主题相关的作品还是十分大胆的选择。当劳特累克在 1896 年（也正是这些版画出版的年份）举办展览时，他展出了这些妓院组图，不过把它们锁在了一间远离公众的屋内，并且劳特累克常会将那些他认为是猎奇者的人赶走。这类作品是劳特累克终其一生获得的模棱两可评价的主要原因，因为，即使当时的几位先锋收藏家，都会觉得很难严肃地定义和界定他。不过，在我们看来，描绘妓院场景的画作却成为劳特累克最富正义感的诚意之作——这是对有组织的妓院系统的谴责，而非对其浪漫化的解读。

45

艾尔莎，又被称为"维也纳人"
Elsa, Called 'La Viennoise'

1897 年；石版画； 48.5cm×36cm

图 35
在快乐的罗什舒瓦尔：装扮成在街头拉客的妓女的女演员妮可儿

1893 年；石版画；37cm×26cm

　　磨坊街上的妓院会针对顾客的不同喜好提供服务。毫无疑问，它们为了讨顾客的欢心，也准备了不同类型的妓女供他们挑选。艾尔莎有着小巧的五官、稀稀拉拉的头发和一张光滑的蛋形脸，似乎预示着 20 世纪 20 年代女子的形象——实际上，她的穿着打扮也让我们预知了 20 年后的女装潮流。或许只是巧合，但这幅作品的设计更令人着迷——它对于时髦女郎的描绘与之后维也纳分离派（Vienna Secession）的领军人物古斯塔夫·克林姆特（Gustav Klimt）的作品也有相似之处。这幅肖像画和描绘了同属一家妓院的另一位妓女的《斯芬克斯》（图版 43）一样，都展现了劳特累克眼中的"致命"女子的形象。这也让人将他与 19 世纪末的大环境联系起来。相比作品本身，强烈的现实倾向使得这一关联在他的社交生活方面体现的更多——如与纳塔松和其他围绕"白色评论"展开的艺术家圈子的交集。如果我们把这幅肖像画与劳特累克描绘的出演街头拉客妓女的女演员（图 35）进行比较，艾尔莎的优雅就会显得更为矛盾和突兀。

46

面对面的晚餐
The Tête-à-Tête Supper

1895 年；油画；54.5cm×45cm；考陶尔德学院画廊，伦敦

　　这幅画作的场景像是设置在皮加勒（Pigalle）广场上的"死老鼠"（Le Rat Mort）中，这是澳大利亚画家康德最常光顾的咖啡馆。康德本人很可能是画中只露一半脸的金发男子的原型。画中女子则以露西·乔尔丹（Lucy Jourdain）为模特而作。在这里，我们又一次看到劳特累克对德加画作题材的重新演绎。像这样的尝试还发生在《"在咖啡馆"》（图版 8）和《在酒吧》（图版 42）中。德加开创的技法——将画中的男性角色几乎推出整体构图——被直接挪用在这幅画中。劳特累克通过极度拉近视角的方式改变了德加原有的思路，从而形成了更简洁的空间感和观者与画作的心理互动，并使观者将注意力集中到画中女子身上。虽然她的面庞处在画面正中央，又是整幅画的精髓所在，但劳特累克大胆地将其抽象化，并用洋溢着性感微笑的红唇刻画出一片模糊的色彩及光亮。

47

来自勒阿弗尔的"星星"的英国女孩
The English Girl from the 'Star' at Le Havre

1899 年；木板； 41cm×33cm；图卢兹－劳特累克博物馆，阿尔比

　　劳特累克在去海边杜萨的路上发现了"星星"酒吧和里面的英国女侍多丽小姐。不久之前，他才从讷伊的精神病院出院。在那儿，劳特累克因为一阵又一阵的震颤性谵妄病症而被关押起来。"星星"的名声不佳，它也许是劳特累克光顾的最后一个地方。这实际上是法国的一家英国酒馆，充斥着刚进港的英国水手。劳特累克被多丽小姐健康而漂亮的样貌——以及她那轻佻的厚颜无耻——所吸引，并把她当作生命中最后的狂热来源之一 。他除了创作这幅肖像画，还绘制了她与水手们合唱船歌的素描。尽管劳特累克的健康状况每况愈下，但还是创作出了其所有的女子肖像画中最放松迷人的作品，其中并不存在任何漫画元素。劳特累克在次年回到勒阿弗尔时非常失望，因为他发现这地方不仅受到警察的监视，还失去了多丽小姐及其身边的欢乐氛围。

48

波尔多剧院上演的戏剧《梅莎丽娜》中的场景

Scene from 'Messaline' at the Bordeaux Opera

1900—1901年；油画； 100cm×73cm；郡立美术馆, 洛杉矶

　　依西多尔·德·拉腊（Isidore de Lara）的《梅莎丽娜》在波尔多大剧院上演。劳特累克根据剧中场景所创作的6幅画是他艺术生涯的最后一组作品。他看上去非常享受在当代舞台演出传统剧时传达出的荒谬感——在前景中那肥胖的罗马士兵便是劳特累克被他们的幽默感所吸引的绝佳例子。基于《梅莎丽娜》绘制的作品展现了劳特累克风格的突变——如梅莎丽娜在本图中穿的亮红长裙。劳特累克看来并未在他的油画作品中延续他创作海报时的风格。不幸的是，相比他最为出彩的那些剧院主题画作（图36），这幅画显得厚重乏味，虽然它的确展现了吸引劳特累克的那种舞台上的浮夸古典主义。艺术史学家的普遍观点是，劳特累克在生命的最后阶段完成的这些作品反映了他的快速败落，他先前所展现的天赋至此只剩下些许影子。

图36
在《安提戈涅》中的芭黛特和穆内·苏利（法兰西喜剧院出品）

1894年；石版画；46cm×27cm

"彩色艺术经典图书馆"系列书目

按书名汉字笔画排列

凡·高
威廉·乌德 著

克里姆特
凯瑟琳·迪恩 著

透纳
威廉·冈特 著

马奈
约翰·理查森 著

克利
道格拉斯·霍尔 著

高更
艾伦·鲍内斯 著

马格利特
理查德·卡沃科雷西 著

拉斐尔前派
安德列·罗斯 著

席勒
克里斯托弗·肖特 著

戈雅
恩里克塔·哈里斯 著

罗塞蒂
大卫·罗杰斯 著

浮世绘
杰克·希利尔 著

卡纳莱托
克里斯托弗·贝克 著

劳特累克
爱德华·卢西-史密斯 著

康斯太勃尔
约翰·桑德兰 著

卡拉瓦乔
蒂莫西-威尔逊·史密斯 著

庚斯博罗
尼古拉·卡林斯基 著

维米尔
马丁·贝利 著

印象主义
马克·鲍威尔-琼斯 著

波普艺术
杰米·詹姆斯 著

超现实主义绘画
西蒙·威尔逊 著

立体主义
菲利普·库珀 著

勃鲁盖尔
基思·罗伯茨 著

博纳尔
朱利安·贝尔 著

西斯莱
理查德·肖恩 著

莫奈
约翰·豪斯 著

惠斯勒
弗朗西丝·斯波尔丁 著

达·芬奇
派翠西亚·艾米森 著

莫迪里阿尼
道格拉斯·霍尔 著

蒙克
约翰·博尔顿·史密斯 著

达利
克里斯托弗·马斯特斯 著

荷尔拜因
海伦·兰登 著

雷诺阿
威廉·冈特 著

毕加索
罗兰·彭罗斯 著

荷兰绘画
克里斯托弗·布朗 著

意大利文艺复兴绘画
莎拉·埃利奥特 著

毕沙罗
克里斯托弗·劳埃德 著

夏尔丹
加布里埃尔·诺顿 著

塞尚
凯瑟琳·迪恩 著

丢勒
马丁·贝利 著

夏加尔
吉尔·鲍伦斯基 著

德加
基思罗·伯茨 著

伦勃朗
迈克尔·基特森 著

恩斯特
伊恩·特平 著